小林まさみの料理教室
ていねいな
献立づくりが
わかる本

山と溪谷社

はじめに

「小林まさみ料理教室」へようこそ!

25歳で料理の道に進むことを決め、その後自身の料理教室を始め、途中6年ほどの休講を経て2016年に教室を再開しました。現在は20〜70代まで、たくさんの生徒さんに通っていただき、大人も楽しく学べる料理教室を目指しています。

私の料理教室はすべての生徒さんが包丁を持ち、下ごしらえから調理に参加して、最後は盛りつけて楽しく試食をする超実践型。毎月テーマに沿った季節の献立をみんなで作り、だしやスープをとったり魚をさばいたり、肉まんを皮から作ったり、本格的なビーフシチューをじっくり作ったりします。 手をかけたほうがおいしいものは、時間をかけてていねいに。そのぶん副菜は簡単にして、おうちでも復習しやすい献立にしています。

この本は、料理教室で大事に育ててきたレシピの中から、とくに生徒さんがくり返し作ってくれているみんなの定番を集めたレシピ集です。 ふだん雑誌やテレビでは伝えきれない、私が本当に作りたいもの、教えたいことが詰まっています。

生徒さんが復習するときに見返して作れるようにレシピは少し長めですが、そこには大切にしてほしいメッセージが込められています。また本編では、本書の製作に携わってくれた生徒さんであり編集担当の若名さんがレッスン中にメモ代わりに撮影していた写真を使い、メモ書きもポイントとして吹き出しなどに記載しています。レッスンに参加している感覚で作ってもらえればと思います。

この本をとおして、料理を作る楽しみ、おいしく食べる幸せを感じとっていただけたらうれしいです。

料理研究家　小林まさみ

Contents

はじめに ……………………… 002
本書について ………………… 010

序章 ジャンル別献立ベスト3

ていねいに作れば最高においしくなる! 012
イチからきちんと献立レッスン

| **和食の献立** | 014
魚の煮つけをマスター
- 金目鯛と豆腐の煮つけ
- れんこんとひき肉の蒸し物
- ほうれん草とひじきのツナ和え
- ミルクわらび餅風

| **中・韓・アジアの献立** | 016
チヂミと韓国料理
- ミックスチヂミ
- じゃがいものひと口チヂミ
- わかめともやしのさっぱりスープ
- チャプチェ
- 白菜キムチ

| **洋食の献立** | 018
洋風煮込みとピラフ
- ミートボールのトマト煮込み
- オリーブとマッシュルームのピラフ
- 芽キャベツのフリット
- ドライフルーツとナッツのにんじんサラダ
- ファーブルトン

1章　和食の献立

春 たけのこを
ゆでて味わう
- たけのこのゆで方
- たけのこと豚肉の土佐炒め
- たけのこのわかめあん
- たけのこご飯
- たけのこつくね揚げ
- 根三つ葉の梅和え

036

春 だしが香る
定番の献立
- かつお昆布だしのとり方
  （一番だし／二番だし）
- ◎即席かつお昆布だしのとり方
- 煮干し昆布だしのとり方
- 春キャベツとえのきのみそ汁
- たこときゅうりの酢の物
- 甘い卵焼き
- ひじきの煮物
- かしわめし

041

春 乾物のおかずと
使える常備菜
- 車麩のフライ
- しいたけみそ
- 黒米ご飯
- ひたし豆のナンプラー風味
- 切り干し大根とキャベツのサブジ
- ひじきのマリネ
- サニーレタスとひじきのサラダ

046

夏 初夏を味わう
シンプルご飯
- 新しょうがご飯
- とうもろこしのかき揚げ
- ◎おいしいとうもろこしの選び方
- たこときゅうりのしょうが風味
- じゅんさいとオクラの吸い物
- 枝豆豆腐

050

夏 あじの
三枚おろしを
マスターしよう
- あじの三枚おろし
- あじのたたき
- あじの南蛮漬け
- 焼きなすのオリーブしょうゆ
- 焼きなすの赤だし

054

1章 和食の献立

夏 夏のつけ麺献立
- 豚肉となす、にらのあったかつけ麺
- 自家製卵豆腐
- 薬味みそ
- ミニトマトのコンポート

059

秋 秋の味覚をほっこり楽しむ
- さんまのフライパン塩焼き
- ◎ さんまの選び方
- きのこけんちん汁
- なすのくたくた煮
- 栗ご飯
- ◎ 栗の皮のむき方

062

秋 おいしいおいなりさんのコツ
- いなりずし
- 長ねぎとえのきの梅風味スープ
- れんこんの鮭はさみ揚げといちじくの天ぷら
- いろどり野菜とひじきのサラダ レモンじょうゆドレッシング
- ◎ 空き瓶ドレッシングのススメ

066

秋 作っておけば安心! 万能おかず煮豚
- 煮豚
- 蒸し白菜のしょうがソース
- うにとゆり根の茶碗蒸し
- マッシュポテト

070

冬 いかをさばいていかづくし
- いかのさばき方
- いかと里いもの煮っころがし
- いかリングフライ
- いかげそとほうれん草、卵の炒め物
- りんごとはちみつのおろし和え

074

冬 おでんであったまろう
- おでん
- いか入りなます
- 茶めし
- きなこと黒豆のキャラメル風味ケーキ

078

2章 中・韓・アジアの献立

春 食がすすむ中華の定番おかず　084
- シュウマイ
- サンラータン
- 春キャベツの回鍋肉（ホイコーロー）風
- トマトと卵の炒め物

夏 沖縄料理で暑さをのりきる　088
- ゴーヤーチャンプルー
- ソーキ汁
- つるむらさきのピーナッツ酢みそ和え
- クレープアイス

夏 贅沢！夏の3種盛りカレー　091
- チキンカレー
- シーフードカレー
- ダール
- サフランライス
- きゅうりと紫玉ねぎのサラダ
- マンゴーラッシー
- ◎気分が上がるエスニックなクロスと器

夏 参鶏湯（サムゲタン）で夏バテ予防　096
- 参鶏湯
- ケランマリ（韓国風卵焼き）
- なすのナムル
- ぜんまいのナムル
- きゅうりと青じそのナムル
- トマトのナムル

夏 かに玉でおうち町中華　100
- かに玉
- 冷やし中華
- レバにら炒め
- もち米シュウマイ

秋 4種の餃子づくし　104
- 焼き餃子
- えびの水餃子
- 揚げ餃子
- スープ餃子
- キャベツのラーパーツァイ
- きゅうりのしょうが和え

2章 中・韓・アジアの献立

秋

チャーシューまん &肉まんに挑戦！

- チャーシューまん
- 肉まん
- ◎ 蒸し器のお話
- 鶏ガラスープのとり方
- 中華風コーンスープ
- セロリの浅漬け
- 生落花生の塩ゆで
- にんじんザーサイ和え

108

冬

体の芯から温まる スンドゥブ定食

- スンドゥブチゲ
- ◎ あさりの砂出しの仕方
- 手作り韓国のり
- 水キムチ
- ◎ ホエーのとり方
- エゴマの葉のキムチ
- 煮干しとししとう、ピーナッツの炒め煮

114

冬

はじめての 韓国のり巻き キンパ

- キンパ
- ヤンニョムチキン
- 大根のピクルス
- 大根と牛肉のスープ

118

3章目次は次ページから

3章 洋食の献立

春 心躍る フルーツサンド
- フルーツサンドイッチ
- チョコバナナサンドイッチ
- キャベツとオリーブのブレゼ
- にんじんとじゃがいものポタージュ
- そら豆とアスパラガスのフリッタータ

124

春 絶品！ かにクリーム コロッケ
- かにクリームコロッケ
- 春野菜と押し麦のスープ
- トマトファルシー
- ジンジャーシロップ
- ◎ しょうがのふりかけ

128

春 春爛漫の イタリアン献立
- 鶏肉と野菜のオーブン焼き
- 春野菜のスープパスタ
- ゆで卵のアンチョビソース
- コッコリ2種（塩味／シナモンシュガー味）

133

秋 基本の洋食
- オムライス
- えびフライ
- 野菜たっぷりマカロニサラダ
- コーンスープ
- いちじくの赤ワイン煮
- ◎ 赤ワイン煮のシロップゼリー

136

冬 コトコト煮込む 冬の豆料理
- 白いんげん豆のゆで方
- ◎ まずはゆでたてを食べる
- 鶏肉のカスレ風
- 白いんげん豆のポタージュ
- タブレ
- カリフラワーとオレンジのサラダ

140

冬 キッシュで おもてなし
- キッシュ2種（ベーコンかぼちゃ／きのこ）
- 菊いものポタージュ
- いちごとベビーリーフのサラダ バルサミコドレッシング
- 冬のラタトゥイユ

144

冬 おうちで本格 ビーフシチュー
- ビーフシチュー
- スモークサーモンとルッコラのサラダ
- ゆで卵のポテトサラダ
- オーブンアップルパイ

148

Column

和食の愛用調味料	082
中・韓・アジアの愛用調味料	122
洋食の愛用調味料	152

主要材料別 Index

肉・加工品	153
魚介・加工品	153
野菜・山菜・きのこ・ハーブ・加工品	154
果物・加工品	157
豆・加工品	157
ナッツ＆種実・加工品	157
卵・乳製品	158
米＆米加工品・雑穀・粉物	158
スパイス	159

本書について

- 計量単位は、小さじ1は5㎖、大さじ1は15㎖、1カップは200㎖、1合は180㎖です。
- 卵はとくに記載がなければ、Lサイズを使用します。
- 野菜はとくに記載がなければ、洗う、皮をむく、ヘタを取るなどの下処理を済ませてから調理に入ってください。
- バターはとくに記載がなければ、有塩のものを使用しています。
- 電子レンジの加熱時間は600Wを使用した場合の目安です。
- オーブンの加熱時間は機種によって多少の差が出ることがあります。
- レシピにある保存期間は目安です。

序章

ジャンル別 献立 ベスト3

料理教室でとくに人気が高く、
生徒さんがくり返し作ってくれる献立を
和食、中・韓・アジア、洋食からピックアップ。
おなじみのメニューをいつもよりおいしく仕上げる
コツをお届けします。

ていねいに作れば最高においしくなる!

イチからきちんと献立レッスン

和食の献立

基本のだしをとる、魚をさばく、旬の素材をごはんに炊き込む……。献立で季節感を楽しみます。

大人気料理教室の8年分の蔵出しレシピから厳選！
料理の基本とコツがわかる和食、中・韓・アジア、
洋食の季節の30献立をご紹介。
実際にレッスンに参加した生徒さんのメモ書きも、
レシピのポイントとして吹き出しなどに記載しています。
料理初心者さんからベテランさんまで、自分のため、
大切な人のために、ときには料理に手間ひまを。

洋食の献立

キッシュにビーフシチュー、オムライス、ミートボールなどごちそう系の献立は、笑顔があふれる特別な日に。

中・韓・アジアの献立

おうち中華の定番餃子から人気の韓国料理、そしてカレーまで、みんなが大好きな献立をセレクト。

ほうれん草と
ひじきのツナ和え

ミルクわらび餅風

| ジャンル別
献立
ベスト3 | 和食の献立 |

魚の煮つけを
マスター

れんこんと
ひき肉の蒸し物

金目鯛と
豆腐の煮つけ

→ 作り方 p.20〜

| ジャンル別
献立
ベスト3 | 中・韓・アジアの献立 |

チヂミと韓国料理

チャプチェ

わかめともやしの
さっぱりスープ

白菜キムチ

じゃがいもの
ひと口チヂミ

ミックスチヂミ

→ 作り方 p.24〜

ドライフルーツと
ナッツの
にんじんサラダ

オリーブと
マッシュルームの
ピラフ

芽キャベツの
フリット

ミートボールの
トマト煮込み

| ジャンル別
献立
ベスト3 | 洋食の献立 |

洋風煮込みと
ピラフ

ファーブルトン

→ 作り方 p.30〜

和食の献立

魚の煮つけをマスター

簡単そうで上手くできないという声が多い煮魚を、
こまめに煮汁をかけながら照りよく仕上げます。
蒸し物と和え物を添えて和食の基本的な献立に。

金目鯛と豆腐の煮つけ

材料（2人分）
金目鯛…2切れ（約150g）
A ｜ 水…½カップ
　　 しょうゆ…大さじ2
　　 酒…大さじ2
　　 みりん…大さじ2
　　 砂糖…大さじ1〜1⅓
しょうが（皮をむいて薄切りにする）
　…1かけ分（10g）
木綿豆腐（4等分に切る）…½丁分（150g）

1　金目鯛は水けをふき取り、皮目に斜めに1本切り目を入れる（a）。
2　直径24cmのフライパンにAを合わせて混ぜ、しょうがを加えて中火にかける。ひと煮立ちさせて金目鯛を並べ入れ（b）、お玉で金目鯛に煮汁を数回かける（c）。オーブンシートで落としぶたをし（d）、強めの中火で2〜3分煮る。
3　落としぶたを取り、金目鯛を端に寄せて豆腐を入れる（e）。煮汁をかけながら4〜5分、煮汁がとろっとするまで煮る（f）。

落としぶたをする前に煮汁をかける

れんこんと
ひき肉の蒸し物

材料（4人分）
鶏ひき肉…100g
A｜しょうゆ…小さじ1
　｜酒…小さじ1
れんこん…250g
片栗粉…大さじ1
B｜かつお昆布だし（p.41参照）…1カップ
　｜みりん…大さじ1
　｜しょうゆ…小さじ⅓
　｜塩…小さじ¼
水溶き片栗粉
　…片栗粉小さじ2½＋水小さじ5
練りわさび（水少々で溶く）…少々

1　ボウルにひき肉とAを入れて箸4本でなじむまで混ぜ、室温に10分おく。
2　れんこんは皮をむいてすりおろし、汁ごと1に加える（a）。片栗粉を加えて手でぐるぐると混ぜ（b）、なじんだら4等分して耐熱容器にこんもり入れる（c）。
3　蒸気の上がった蒸し器に2を並べ、ふきんで包んだふたをして強火で12〜15分蒸す。竹串を刺して（d）たねがついてこなければ蒸し上がり。
4　小鍋にBを合わせて混ぜ、中火にかける。ひと煮立ちさせて水溶き片栗粉を加えてとろみをつける。
5　蒸し器から3を取り出してお玉で4をかけ（e）、練りわさびをのせる。

Memo
蒸し器の代わりに電子レンジで作る場合は、大きめの耐熱容器を使用。2のたねの全量を直径約18×深さ4cmの容器にこんもりと盛り、ラップをふんわりかけて電子レンジで7分加熱する。

手でつかんで器へ

ほうれん草とひじきのツナ和え

材料（4人分）
芽ひじき（乾燥）…5g
ほうれん草…1束（200g）
にんじん…⅓本（50g）
しょうゆ…大さじ½
ツナ缶（油漬け）…小½缶（35g）

1. ボウルにたっぷりの水とひじきを入れ、10〜15分つけて戻す。ざるに上げてさっと洗い、水けをきる。フライパンに入れて中火にかけ、木べらで混ぜながら炒めて（a）水分を飛ばす。
    ●ひじきは爪の先でスッと切れるくらいまで戻す。
2. ほうれん草は根を落として2cm長さに切り、茎と葉に分ける。にんじんは2cm長さの細切りにする。
3. 鍋にたっぷりの湯を沸かして塩少々（分量外）を加える。2のにんじんを入れてやわらかくなるまでゆで、網ですくって湯をきる。
4. 同じ湯に2のほうれん草の茎、葉を順に加え、ひと煮立ちさせて水にとって冷まし、水けをしっかり絞る。
5. ボウルに1、3、4、しょうゆを入れ、ツナ缶を油ごと加えてなじむまで和える（b）。

ミルクわらび餅風

材料（4人分）
A ┃ 片栗粉…大さじ3
　 ┃ 砂糖…大さじ2
　 ┃ 牛乳…1½カップ
きな粉…適量
黒みつ（市販）…適量

1. 直径22〜23cmのフライパンにAを入れて混ぜ、強めの中火にかける。ゴムべらで混ぜながら加熱してところどころかたまってきたら弱火にする。そのまま1〜2分、絶えず練りながら（a）全体につやと粘りが出てふわっと軽くなったら火を止める。
2. 水でぬらしたカレースプーンでひと口大にすくい（12〜16個目安）、氷水にとってしっかり冷やす（b）。
3. ざるに上げて水けをきり、器に盛る。きな粉、黒みつをかける。

Memo

材料のAに抹茶を少量溶かして入れても。

絶えず混ぜる！

中・韓・アジアの献立

チヂミと韓国料理

2種のチヂミとチャプチェ、わかめスープ、キムチまで、
腕まくりして作りたい韓国料理の献立です。
手作りキムチは、白菜がおいしい季節にぜひ挑戦してください。

ミックスチヂミ

材料（4人分）

A ｜ 薄力粉…150g
　　上新粉…大さじ1
　　塩…小さじ2/3
　　砂糖…小さじ2/3
溶き卵…1個分
水…2カップ
かぼちゃ（種とワタを除いて皮をむき、
　細切りにする）…150g（正味）
にら（5cm長さに切る）…1/2束分（50g）
玉ねぎ（薄切り）…1/4個分（50g）
ごま油（濃口）…大さじ2
豚バラ薄切り肉（長さを半分に切る）…150g
たれ
　しょうゆ…大さじ2
　酢…大さじ1
　水…大さじ1
　砂糖…小さじ1/2

1. 生地を作る。ボウルにA、溶き卵を入れて分量の水を3回に分けて加え、そのつど泡立て器でなめらかになるまで混ぜる（a）。
2. かぼちゃ、にら、玉ねぎを加えてさっくり混ぜ（b）、ボウル2つに等分に分ける。
   ●焼く直前に再度混ぜる。
3. 直径24cmのフライパンにごま油大さじ1をしき、強めの中火で熱して温まったら火を止める。2の生地のうちのボウル1つ分を流し入れ、平らに整えて（c）豚肉半量を1枚ずつ広げてのせる（d）。中火にかけて4〜5分こんがりと焼く。
4. 裏返してときどきフライ返しで押さえながら（e）、4〜5分こんがりと焼いてひっくり返して取り出す（f）。ペーパータオルでフライパンをふき、もう1枚も同様に焼く。それぞれ16等分に切って器に盛る。
5. たれを作る。小さめのボウルに材料を合わせて混ぜ、小皿に入れて4に添える。

じゃがいものひと口チヂミ

材料（4人分）
じゃがいも…3個（450g）
塩…小さじ⅓
豚ひき肉…80g
小ねぎ（小口切り）…約⅓束分（30g）
ごま油（濃口）…大さじ3
たれ（p.25「ミックスチヂミ」参照）…適宜

1. じゃがいもはすりおろし、ボウルに重ねたざるにあけて水けをきり、20分おく（a／水分を除いた重量は約280g）。ボウルに受けた汁の表面の水分を捨て、底に残ったでんぷんにすりおろしたじゃがいもを加え（b）、塩、ひき肉、ねぎを加えて混ぜる。
2. 直径30cmのフライパンにごま油をしいて中火で熱し、温まったら火を止める。1を大さじ1強ずつ、間隔をあけて並べ入れ（12個目安／c）、中火にかけて5〜6分こんがりと焼いて裏返す。フライ返しで軽く押さえて形を整え（d）、3〜4分こんがりと焼く。
  ● フライパンが小さい場合は2回に分けて焼く。
3. 器に盛り、たれをつけて食べる。

でんぷんでもちもち感アップ！

わかめともやしのさっぱりスープ

材料（4人分）
A｜水…4カップ
　｜酒…大さじ1
鶏ささみ（筋を取る）…2本分（100g）
もやし…½袋（100g）
B｜しょうゆ…小さじ1
　｜塩…小さじ⅔
　｜こしょう…少々
塩蔵わかめ（水洗いをしてたっぷりの水に5分つけて戻し、水けを絞って食べやすく切る）…30g（戻す前）
ごま油…小さじ1

1. 鍋にA、ささみを入れて強火にかけ、煮立ったらアクを取る。弱火にしてふたをし、4〜5分ゆでる。ゆで汁を残してささみを取り出し、粗熱をとって手で裂く（a）。
2. 1の鍋にもやしを入れてささみを戻し入れ、再び中火にかけてさっと煮る。Bを加えて味をととのえ、仕上げにわかめを加え（b）、ごま油をたらす。

Memo
材料の鶏ささみに代えて、あさりでもOK。その場合はBの塩を小さじ½ほどに減らして様子をみる。

チャプチェ

材料（4人分）
牛切り落とし肉（1.5㎝幅に切る）…100g
A｜にんにく（すりおろす）…小さじ¼
　｜砂糖、ごま油（濃口）…各小さじ1
　｜酒、しょうゆ…各大さじ1
ごま油（濃口）…小さじ2
にんじん（細切り）…⅓本分（50g）
塩、こしょう…各適量
玉ねぎ（薄切り）…½個分（100g）
生しいたけ（石づきを除いて薄切りにし、
　軸は粗く裂く）…3枚分（約60g）
韓国春雨（熱湯で5分ほどゆでてざるに上げ、
　水洗いして水けをきる。長ければ
　食べやすく切る）…100g（ゆでる前）
B｜しょうゆ…大さじ1
　｜砂糖…大さじ½
　｜ごま油（濃口）…小さじ1
せり（根を落として5㎝長さに切る）
　…1束分（約60g）
白いりごま…大さじ1

1　ボウルに牛肉を入れてAを加え、手でもみ込む（a）。
2　フライパンにごま油小さじ1を強めの中火で熱し、にんじんを入れてさっと炒める。水大さじ2を加えてふたをし、水分が飛んでやわらかくなるまで中火で蒸し炒めにし、塩、こしょう各少々をふってボウルに取り出す。
3　2のフライパンにごま油小さじ1を足し、玉ねぎ、しいたけを入れて、中火でしんなりするまで炒める。塩、こしょう各少々をふって2のボウルに加える。
4　3のフライパンに1を汁ごと入れ、中火で肉の色がほぼ変わるまで炒める。春雨、Bを加えて炒め、なじんだらせりを加えてさっと炒めて（b）3のボウルにあける（c）。白ごまを加え、全体を和える（d）。

Memo

材料のせりに代えて、ゆでた絹さややにらでも。錦糸卵を加えてもおいしい。

白菜キムチ

材料（作りやすい分量）
白菜…½株（約1.3kg）
粗塩…65g（白菜の重量の5%）
水…½カップ
<u>ヤンニョム</u>（a）
　煮干し昆布だし（p.42参照）…1カップ
　上新粉（または白玉粉）…大さじ1
　A｜韓国粉唐辛子（中粗びき）…60g
　　｜砂糖…大さじ2
　　｜にんにく（すりおろす）…大さじ1
　　｜しょうが（すりおろす）…大さじ1
　　｜りんご（塩少々をまぶして水洗いし、
　　｜　芯を除き皮つきのまますりおろす）
　　｜　…½個分（正味150g）
　　｜アミ塩辛…50g
　　｜白いりごま…大さじ1
大根（スライサーで5cm長さの細切りにする）
　…150g
にら（3cm長さに切る）…½束分（50g）

a

1　白菜は根元に切り目を入れて手で半分に裂く（b）。盆ざるなどにのせ、2〜3時間天日で干す（c）。
2　白菜を洗い、水けを軽くきって大きめのバットにのせる。白菜の葉1枚ずつに手で粗塩をすり込むようにつける（d）。
　●葉元の厚い部分は塩を多めにすり込む。
3　直径30cmのボウル、または漬け物用容器に白菜を詰める。2のバットに分量の水を入れて残った塩を溶き混ぜ、上から白菜に

かける（e）。ラップをかぶせ、皿に約2kgの重石をのせて上にのせ（f）、ラップで覆って水けが上がるまで室温に8時間ほどおく。途中一度上下を返す。

◉ 葉元がしんなりして水が上がればOK。

4 白菜を取り出して流水で洗い、盆ざるに広げて1〜2時間、自然に水けをきる（g）。

5 ヤンニョムを作る。鍋にだし、上新粉を入れて混ぜ、中火にかけてゴムべらで混ぜながらひと煮立ちさせてとろみをつける（h）。火を止めてボウルに移し、粗熱をとる。

6 5のボウルにAを加えて手でよく混ぜ（i）、大根、にらを加えて全体がなじむまでよく混ぜる（j）。

◉ ビニール手袋をつけて作業するとよい。

7 バットの上で4の白菜の葉1枚ずつに6を塗り（k）、葉元からくるっと巻いて形を整える（l）。保存容器に入れて（m）冷蔵庫で3〜4日漬ける。

◉ 酸味が出るが、冷蔵で1カ月ほど保存可能。

Memo

- アミ塩辛の代わりに、いかの塩辛を使ってもよい。
- 全体の野菜の分量は変えずに、長ねぎとにんじんの細切りや、3㎝長さに切った小ねぎを加えてもOK。

洋食の献立

洋風煮込みとピラフ

洋食らしいトマト煮込みをミートボールで作ります。
ピラフとにんじんサラダ、芽キャベツのフリットを
ワンプレートに盛ったおもてなしにもぴったりの献立です。

ミートボールのトマト煮込み

材料（4人分）
合いびき肉 … 400g
A ┃ 玉ねぎ（みじん切り）… ½個分（100g）
　┃ ドライパン粉 … ½カップ
　┃ 溶き卵 … Sサイズ1個分（50g）
　┃ 牛乳 … ½カップ
　┃ 塩 … 小さじ½
　┃ こしょう … 少々
サラダ油 … 適量
B ┃ オリーブ油 … 大さじ1
　┃ 玉ねぎ（みじん切り）… ½個分（100g）
　┃ にんにく（みじん切り）… 小さじ2
C ┃ レーズン … 30g
　┃ 塩 … 小さじ½
　┃ こしょう … 少々
　┃ ホールトマト缶（マッシャーまたは
　┃ 　手でつぶしてなめらかにする）
　┃ 　　… 1½缶分（600g）

1　ボウルにひき肉、Aを入れ、手で粘りが出るまでよく練る。バットなどに20等分して並べ、手に水をつけて丸める（a）。
　◉ 練ったあと冷蔵庫で30分ほど冷やすと丸めやすい。
　◉ p.33「芽キャベツのフリット」を先に揚げて 2 の手順に移ると、油をむだなく使える。

2　直径27cmのフライパンにサラダ油を2cm深さに入れ、180℃に熱する。1を半量入れて4～5分、ときどき返しながらこんがりと色づくまで揚げ（b）、取り出して油をきる。残りも同様に揚げる。

3　2 のフライパンの油を除いてふき、Bを入れて玉ねぎがしんなりするまで中火で炒める。2、Cを加えて（c）混ぜ、ひと煮立ちしたらふたをして、ときどき混ぜながら弱火で15分ほど煮る（d）。

オリーブと
マッシュルームの
ピラフ

材料（4人分）
玉ねぎ（みじん切り）…½個分（100g）
オリーブ油…大さじ1
米（といでざるに上げ30分おく）…2合
A ┃ 顆粒コンソメ…小さじ½
　┃ 塩…小さじ½
　┃ こしょう…少々
水…2カップ
マッシュルーム（石づきがあれば除いて
　ペーパータオルで汚れをふき取り、
　縦に2〜3mm厚さに切る）
　…½パック分（50g）
ローリエ…1枚
スライスオリーブ（グリーン、ブラック
　／水けをきる）…合わせて50g

1　直径12cmの耐熱容器に玉ねぎ、オリーブ油を合わせて混ぜる。ラップをかけずに電子レンジで2分加熱し、取り出してスプーンで混ぜる（a）。
2　炊飯器の内釜に米、A、分量の水を入れて混ぜる。1、マッシュルームを順に広げてのせ、ローリエをのせて（b）普通に炊く。
　◉具をのせたら混ぜない。
3　炊き上がったらローリエを除き、オリーブを加えてさっくり混ぜる（c）。

芽キャベツのフリット

材料（4人分）
芽キャベツ…12個（約150g）
サラダ油…適量
粗塩…少々

1 芽キャベツは洗って水けをよくふき、根元の黒い部分をそぎ取って十字に切り込みを入れる（a）。
2 フライパンにサラダ油を1cm深さに入れて150℃に熱する。1を加えて3〜4分、ときどき転がしながら揚げ焼きにする。根元に竹串を刺し（b）、スッと通れば揚げ上がり。油をきって粗塩をふる。

ドライフルーツとナッツのにんじんサラダ

材料（4人分）
にんじん（皮をむきスライサーで細切りにする）
　…2本分（正味300g）
塩…小さじ⅔
くるみ（ロースト）…40g
A｜白ワインビネガー（または酢）…大さじ2
　｜塩、こしょう…各少々
　｜オリーブ油…大さじ2
ツナ缶（油漬け）…小½缶（35g）
ドライアプリコット（薄切り）…3枚分（30g）
パセリ（みじん切り）…大さじ4

1 ボウルににんじん、塩を入れて混ぜ、10分おく。
2 フライパンにくるみを入れ、中火で3〜4分からいりする（a）。カリッとしたら取り出し、粗熱がとれたら手で小さく割る。
3 1の水けを絞って別のボウルに入れ、Aを加えて混ぜる。ツナ缶を油ごと入れ、アプリコット、2、パセリを加えて和える（b）。
●冷蔵庫で冷やすとよりおいしい。

ファーブルトン

材料（長さ約30×深さ約6cmの
　　　耐熱オーバル型1台分）

ドライプルーン（種なし）…150g
A ｜ 牛乳…1⅓カップ
　　｜ 生クリーム（乳脂肪分35～47％）
　　｜　…½カップ
グラニュー糖…80g
塩…ひとつまみ
薄力粉…60g
ベーキングパウダー…小さじ¼
溶き卵…120g
ラム酒…大さじ1

下準備
- オーブンは230℃に予熱する。

1. 鍋にプルーン、Aを入れて弱火にかける。表面全体がふつふつとしてきたら火を止め、ボウルに重ねたざるにあけてこす（a）。ボウルに残った液は粗熱をとり、プルーンは耐熱容器に広げる（b）。
2. 大きめのボウルにグラニュー糖、塩を入れ、薄力粉、ベーキングパウダーを合わせてふるい入れ、泡立て器で混ぜる。
3. 溶き卵を3回に分けて加え（c）、そのつど泡立て器で混ぜる（d）。
4. 1の液を3回に分けて加え（e）、そのつど泡立て器で混ぜる。
5. ラム酒を加えて泡立て器で混ぜ、ざるでこしながら1の耐熱容器に流し入れる（f）。
6. 230℃のオーブンで10分焼き、周囲に焼き色をつける。温度を170℃に下げ、さらに15～20分焼く。

◉ 焼き上がりはぷっくりと膨らみ、冷めるとしぼんでもっちりする。冷やして食べてもおいしい。

1章

和食の献立

旬の素材をシンプルに味わえる和食。
だしのとり方から魚のさばき方、
素材を生かす下ごしらえ、乾物のおいしい使い方まで、
季節を楽しみながら料理の基本が学べます。

たけのこを
ゆでて味わう

- たけのこのゆで方
- たけのこと豚肉の土佐炒め
- たけのこのわかめあん
- たけのこご飯
- たけのこつくね揚げ
- 根三つ葉の梅和え

おなじみの炊き込みご飯や、食感が楽しいつくね揚げなど、旬のたけのこをまとめてゆでて味わいつくす、春ならではの献立です。たけのこは皮をむいてからゆでるとゆで上がりが早く、時短にも。

たけのこのゆで方

材料（作りやすい分量）
たけのこ…1〜2本（約1.2kg）
水…3ℓ
米ぬか…1カップ
赤唐辛子…2本

1 たけのこは大きければ縦半分に切り（a・b）、根元のかたい部分を少し切り落とし、穂先は斜めに切り落として（c）皮をむく（d・e）。

2 大きめの鍋に1、分量の水、米ぬか、赤唐辛子を入れて強火にかける（f）。ふつふつとしてきたら（g）落としぶたをして、ふたをずらしてのせ、弱火にして1時間〜1時間30分ゆでる。

3 たけのこの根元に菜箸を刺し（h）、スッと通ったら火を止め、ゆで汁につけたまま冷ます。使うときに洗って米ぬかを落とし、根元を菜箸や包丁できれいにする（i・j）。

- ◉ 保存する場合は、保存容器にゆで汁ごと入れてふたをし、冷蔵で2日保存可能。3日以上保存する場合は、洗って米ぬかを落とし、保存容器に入れてかぶるくらいの水を注ぎ、ふたをして冷蔵庫へ。毎日水を替えながら5日ほど保存可能。

1章 和食 春 たけのこをゆでて味わう

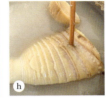

根元を
菜箸でそぐ

たけのこと豚肉の土佐炒め

材料（4〜5人分）
ゆでたけのこ（p.36参照）…300g
豚バラ薄切り肉…200g
サラダ油…大さじ½
A｜水…½カップ
　｜酒…大さじ1½
　｜しょうゆ…大さじ1½
　｜砂糖…大さじ1
　｜塩…小さじ¼
削り節（2.5g入りのもの）…1袋

1　たけのこは、穂先は6〜7cm長さ×1cm厚さのくし形切り（a）、根元は1cm厚さの半月切り、またはいちょう切りにする（b）。豚肉は4〜5cm長さに切る。
2　フライパンにサラダ油をしいて強めの中火で熱し、豚肉を入れてほぼ色が変わるまで炒める。たけのこを加えてさっと炒め（c）、Aを加えて汁けが少なくなるまで炒める（d）。
3　削り節を加えてひと混ぜする（e）。

Memo
お弁当に入れる場合は、材料の豚バラ薄切り肉を豚こま切れ肉に代えるのがおすすめ。

姫皮が
はずれないよう
注意！

たけのこのわかめあん

材料（4〜5人分）
ゆでたけのこ（p.36参照）…300g
A ┌ かつお昆布だし（p.41参照）…2カップ
　│ 酒…大さじ1½
　│ みりん…大さじ1½
　│ 薄口しょうゆ…大さじ1½
　└ 砂糖…小さじ2
塩蔵わかめ…20g
水溶き片栗粉…片栗粉大さじ1＋水大さじ1

1. たけのこは、穂先は6〜7cm長さ×1cm厚さのくし形切り（p.37右段のa）、根元は1cm厚さの半月切り、またはいちょう切り（p.37右段のb）にする。
2. 鍋にAを合わせて煮立て、1を入れてオーブンシートで落としぶたをする（a）。弱火で20分煮て、火を止めて冷ます。
   ●ここで一度粗熱をとるより味がなじむ。
3. わかめは洗って塩を落とし、たっぷりの水に5分つけて戻し、水けを絞って粗く刻む。
4. 2を温め直し、たけのこを器に盛る。
5. 残った煮汁に3を加えてさっと煮る（b）。ふつふつとしてきたら混ぜながら水溶き片栗粉を加えてとろみをつけ（c）、4にかける（d）。

たけのこご飯

材料（4〜5人分）
油揚げ…1枚
ゆでたけのこ（p.36参照）…150g
A ┌ しょうゆ…大さじ½
　└ 酒…大さじ½
米（といでざるに上げ30分おく）…2合
B ┌ かつお昆布だし（p.41参照）…2カップ
　│ 酒…大さじ1
　│ しょうゆ…大さじ½
　└ 塩…小さじ½
木の芽…適量

1. 油揚げは熱湯でゆでて油抜きし、粗熱をとって水けを絞りみじん切りにする。
2. たけのこは横2cm幅に切り、縦2〜3mm厚さの色紙切りにする（a）。ボウルに入れてAを加えて混ぜ、10分おく。
3. 炊飯器の内釜に米とBを入れて混ぜ、1、2を汁ごと加えて広げ（b）、普通に炊く。
4. 炊き上がったらさっくりと混ぜて器に盛り、木の芽をのせる。

1章　和食　春　たけのこをゆでて味わう

色紙切り

具をのせたら混ぜない

たけのこつくね揚げ

材料（12個分）
たらの芽…1パック（50g）
ゆでたけのこ（p.36参照）…300g
A ｜ 塩…小さじ½
　　溶き卵…1個分
　　薄力粉…大さじ4
揚げ油…適量
プロセスチーズ（1.5㎝角に切ったもの）
　…12個
木の芽…適量

1　たらの芽は下の茶色い部分をむく（a）。
2　たけのこは水けをしっかりふき取ってすりおろし（b）、おろしにくい部分はみじん切りにする（c）。ボウルに入れてAを加え、手でなじむまで混ぜて表面をならす。12等分にするときの目安になるよう、十字の筋を入れる（d）。
3　フライパンに揚げ油を2㎝深さに入れ、170℃に熱する。2を½量ずつスプーンですくって手の平にのせ、真ん中にチーズをのせて（e）丸める。スプーンにのせて油に入れ（f）、きつね色になるまで3〜4分揚げて（g）取り出す。
4　油の温度を190℃に上げて1を入れ、さっと揚げて取り出し（h）、熱いうちに塩少々（分量外）をふる。
5　器に3と4を盛り合わせ、木の芽を散らす。

筋を入れて分けるときの目安に

根三つ葉の梅和え

材料（4〜5人分）
根三つ葉…1束（280g）
鶏ささみ…2本（100g）
A ｜ 塩…少々
　｜ 酒…大さじ½
B ｜ 梅干し（塩分14％のもの／種を
　｜ 　除いてたたく）…大さじ1（2個分）
　｜ しょうゆ…小さじ¼

1 三つ葉は根元を切り（a）、5cm長さに切る（b）。
2 ささみは筋を取り（c）、耐熱皿にのせてAをふり入れてからめる。ラップをふんわりかけて電子レンジで2分30秒加熱する。粗熱をとって食べやすく裂いて（d）、残った蒸し汁をからめる。
3 鍋に湯を沸かし、塩適量（分量外）を入れる。1 を加え、やわらかくなるまで1分ほどゆでてざるに上げ、広げて冷ます（e）。
4 ボウルにBを合わせて混ぜ、2、水けを絞った3を加えて和える（f・g）。

Memo
材料の根三つ葉に代えて、好みの青菜や豆苗で作っても。

根は水栽培で再利用が可能

水にとらない

次はだしのとり方！

だしが香る
定番の献立

- かつお昆布だしのとり方
  一番だし／二番だし
- 煮干し昆布だしのとり方
- 春キャベツとえのきのみそ汁
- たこときゅうりの酢の物
- 甘い卵焼き
- ひじきの煮物
- かしわめし

和食の基本、2種のだしをとり、おいしく料理に生かします。かつお昆布だしは、二番だしと即席だしのとり方も紹介。春の食材でだしを味わいましょう。

かつお昆布
だしのとり方
一番だし

材料（約700㎖分）
昆布（10㎝）…8〜9g
水…1ℓ
削り節…10〜20g

1　保存容器に昆布、分量の水を入れ、ふたをして冷蔵庫にひと晩おく。
2　鍋に**1**を入れて強めの中火にかけ、ふつふつとしてきたら（a）昆布を取り出し（b）、沸騰直前まで温めて削り節を加え、菜箸でひと混ぜして（c）すぐに火を止める。
3　ボウルに厚手のペーパータオルを敷いたざる（または目の細かいこし器）を重ねてこし、ゴムべらなどで押して絞る（d）。

- 残った昆布と削り節は、二番だし（p.42参照）で使用。
- 清潔な容器に入れ、冷蔵で2日ほど保存可能。

昆布から
ぬめりが
出ない程度

二番だし

材料（約350㎖分）
一番だし（p.41参照）をとったあとの
　昆布と削り節…全量
水…2½カップ
削り節…10g

1. 鍋に一番だしをとったあとの昆布と削り節、分量の水を入れて強めの中火にかける。沸騰直前まで温めて削り節を加えて混ぜ、弱火にして3〜4分煮て火を止める。
2. ボウルに厚手のペーパータオルを敷いたざる（または目の細かいこし器）を重ねてこし、ゴムべらなどで押して絞る。
   ◉ 清潔な容器に入れ、冷蔵で2日ほど保存可能。

即席かつお昆布だしのとり方

材料（p.41「一番だし」参照）と作り方

1. 鍋に昆布と分量の水を入れ、強めの中火にかける。ふつふつとしてきたらごく弱火にし、ときどきアクを取りながら30分ほど昆布の味が出るまで煮る。
2. 強めの中火にし、再びふつふつとしてきたら昆布を取り出し、沸騰直前まで温めて削り節を加えて混ぜ、すぐに火を止める。
3. ボウルに厚手のペーパータオルを敷いたざる（または目の細かいこし器）を重ねてこし、ゴムべらなどで押して絞る。
   ◉ 清潔な容器に入れ、冷蔵で2日ほど保存可能。

煮干し昆布だしのとり方

材料（約730㎖分）
煮干し…30g
昆布（5㎝）…4〜5g
水…1ℓ

1. 煮干しは頭を除き、骨に沿って半分に裂いて腹ワタを除く（a）。保存容器に入れて昆布、分量の水を加え、ふたをして冷蔵庫にひと晩おく。
2. 鍋に**1**を入れて強めの中火にかけ（b）、ふつふつとしてきたら弱火にし、ときどきアクを取りながら5分ほど煮て火を止める。
   ◉ 煮立たせるとえぐみが出るので注意。
3. ボウルに厚手のペーパータオルを敷いたざる（または目の細かいこし器）を重ねてこす（c・d）。
   ◉ 清潔な容器に入れ、冷蔵で2日ほど保存可能。

煮立たせない！

へらなどで押して絞って

春キャベツとえのきのみそ汁

材料（4人分）
春キャベツ…2枚（150g）
えのきたけ…小1袋（100g）
だし（かつお昆布だし、または
　煮干し昆布だし／p.41・42参照）…3カップ
みそ…大さじ2½
白すりごま…小さじ2

1　キャベツはひと口大に切り、えのきたけは石づきを除いて長さを半分に切ってほぐす。
2　鍋にだしを入れ、強めの中火にかけてひと煮立ちさせ、1を加えて（a）煮る。キャベツがやわらかくなったら火を弱め、みそを溶き入れる（b）。
3　器に盛り、白ごまをふる。

たこときゅうりの酢の物

材料（4人分）
きゅうり…2本（200g）
塩…小さじ¼
ゆでだこの足…100g
A　だし（かつお昆布だし、または
　　煮干し昆布だし／p.41・42参照）
　　…大さじ3
　米酢…大さじ1½
　砂糖…小さじ2
　しょうゆ…小さじ1

1　きゅうりは薄い小口切りにし、ボウルに入れて塩を加えて混ぜ、10分おいて水けを絞る。
2　たこは足の太い部分は薄いそぎ切りにし、足先は食べやすく切る。
3　別のボウルにAを合わせて混ぜ、1、2を加えて和え（a）、冷蔵庫で30分以上冷やす。

Memo
- 材料のゆでだこの足に代えて、ちりめんじゃこで作っても。その場合はAのだしは水に代えてOK。
- わかめやしょうがのせん切りを加えてもおいしい。

甘い卵焼き

材料（4人分）
卵…3個
だし（かつお昆布だし、または
　煮干し昆布だし／p.41・42参照）
　…大さじ3
砂糖…大さじ1½
しょうゆ…大さじ½
サラダ油…適量

1. ボウルに卵を割り入れて溶きほぐし、だし、砂糖、しょうゆを加えて混ぜる。
2. 20×15㎝の卵焼き器全面にペーパータオルでサラダ油を薄く塗り、中火で温める。**1**をお玉2杯分流し入れ、全体に広げる。菜箸で混ぜながらいり、半熟状になったら（a）ゴムべらで手前に寄せる（b）。
3. 卵焼きを奥にずらし、手前にペーパータオルでサラダ油を薄く塗って（c）卵液をお玉1杯分流し入れる（d）。卵焼き器を傾けながら卵焼きの下にも卵液を行き渡らせ、気泡が出たら菜箸でつぶし、半熟状にかたまってきたら手前に巻く（e・f）。卵液がなくなるまで同様に数回くり返し、仕上げに両面を軽く焼く（g）。
4. まな板に取り出し、好みの大きさに切る。

卵焼きの下にも流す

ひじきの煮物

材料（作りやすい分量）
芽ひじき（乾燥）…25g
油揚げ…1枚
にんじん…⅓本（50g）
れんこん…100g
さやいんげん…50g
サラダ油…大さじ1
A｜だし（煮干し昆布だし、または
　　かつお昆布だし／p.42・41参照）
　　…¾カップ
　砂糖…大さじ1
　酒、しょうゆ、みりん…各大さじ2

かしわめし

材料（4人分）
鶏もも肉…1枚（200g）
A ｜ しょうゆ、酒…各小さじ2
ごぼう…1/3本（50g）
にんじん…小1本（100g）
生しいたけ…2〜3枚（50g）
米（といでざるに上げ30分おく）…2合
B ｜ しょうゆ、酒、砂糖…各大さじ1
　　｜ 塩…小さじ1/3
だし（煮干し昆布だし、または
　　かつお昆布だし／p.42・41参照）…適量

1 鶏肉は水けをふき取り、厚みの半分くらいまで切り込みを入れ、包丁を寝かせて切り目から左右に刃を入れて身を開く。筋と脂肪を除き、1.5cm角に切る。ボウルに入れてAを加えてもみ込み、10分おく。

2 ごぼうは包丁の背で皮をこそげて5mm厚さの半月切り、またはいちょう切りにし、さっと水にさらして水けをきる。にんじんは1cm角に切り、しいたけは石づきを除き、軸は粗く裂き、傘は1cm角に切る（a）。

3 炊飯器の内釜に米、Bを入れ、だしを2合の目盛りまで注いで混ぜる。2 をのせ、1 を汁ごとのせて（b）普通に炊く。炊き上がったら全体をさっくりと混ぜる。

---

1 ボウルにたっぷりの水とひじきを入れ、15〜20分つけて戻す（a）。ざるに上げてさっと洗い、水けをきる。油揚げは熱湯でさっとゆでてざるに上げて冷まし、縦半分に切って横細切りにする。

2 にんじんは4cm長さの細切り、れんこんは5mm厚さのいちょう切り、いんげんはヘタを落とし、3〜4等分の斜め切りにする（b）。

3 フライパンにサラダ油をしいて強めの中火で熱し、にんじん、れんこん、いんげん、ひじき、油揚げを順に加え、そのつど油がまわるまで炒める（c）。

4 Aを順に加えて混ぜ、落としぶたをして中火で10分ほど煮る。落としぶたを取り、強火にして汁けを飛ばす（d）。

爪の先でスッと切れるくらいまで戻す

にんじんと油揚げは長さをそろえて

具をのせたら混ぜない

乾物のおかずと使える常備菜

- 車麩のフライ
- しいたけみそ
- 黒米ご飯
- ひたし豆のナンプラー風味
- 切り干し大根とキャベツのサブジ
- ひじきのマリネ
- サニーレタスとひじきのサラダ

水で戻す手間はありますが、常備しておくと何かと役立つ乾物を、定番の和食とは異なるメニューで楽しみます。車麩のフライ以外は作りおきが可能。常備菜として日々の食卓に取り入れてください。

車麩のフライ

材料（4人分）
車麩…4枚（約50〜60g）
●越後の車麩がおすすめ。

A │ しょうゆ…大さじ1
  │ しょうが汁…大さじ½

衣
薄力粉…適量
溶き卵…1個分
ドライパン粉…適量

揚げ油…適量
しいたけみそ（p.47左段参照）…適量
中濃ソース（好みで）…適量

1. バットに車麩を並べ、たっぷりの水を注ぐ。車麩が浮かないように落としぶたをのせて（a）20分ほどおいて戻し、1枚ずつ両手ではさんで水けをしっかり絞る（b）。
2. 別のバットにAを合わせて混ぜ、1をからめて下味をつける（c）。
   ●車麩は重ねて上から手で押さえ、全体に下味を行き渡らせる。
3. 薄力粉、溶き卵、パン粉をそれぞれ別の容器に入れ、2を順につけて衣をまぶす。
4. フライパンに揚げ油を1cm深さに入れ、170℃に熱する。3を2枚ずつ入れて4〜5分、ときどき返しながらこんがりと揚げ（d）、取り出して油をきる。残りも同様に揚げる。
5. 4を半分に切って器に盛り、しいたけみそを添える。または、好みで中濃ソースをかける。

1章　和食　春　乾物のおかずと使える常備菜

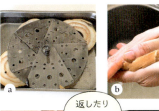

返したり
重ねて
押さえる

3　フライパンにごま油、長ねぎを入れて強めの中火にかける。長ねぎがしんなりしたら **2** のしいたけを加え、少し色づくまで3分ほど炒める。
4　**2** の戻し汁、A を加え、ときどき混ぜながら汁けをしっかり飛ばす（b）。
- 清潔な容器に入れ、冷蔵で1週間ほど保存可能。

Memo

焼き厚揚げや蒸し里いもにつけて食べても。

しいたけみそ

黒米ご飯

材料（約350g分）

干ししいたけ（香信）…40g
ごま油…大さじ1½
長ねぎ（みじん切り）…⅔本分（70g）
A　みそ…80g
- ここでは仙台みそを使用。赤みそなど好みのみそでOK。

砂糖…大さじ3
酒…大さじ3

材料（4人分）

米（といでざるに上げ30分おく）…2合
黒米（a）…大さじ1½

炊飯器の内釜に米と黒米を入れ、水を2合の目盛りまで注いで普通に炊く。炊き上がったら全体をさっくりと混ぜる（b）。

1　しいたけは水でさっと洗って汚れを除き、ポリ袋に入れる。水2½カップを加えて袋の口を結び、ボウルに入れて冷蔵庫にひと晩おいて戻す。途中一度、袋の上下を返す。
- ポリ袋の代わりにボウルに入れ、しいたけが浮かないように皿をのせて戻してもよい。

2　袋から取り出した **1** の水けを絞り、石づきを除いて傘と軸を粗みじん切りにする。戻し汁は1カップ取っておく（a）。

ひたし豆のナンプラー風味

材料（作りやすい分量）
青大豆 … 1袋（200g）
塩 … 少々
A｜ かつお昆布だし（p.41参照）
　　　… 1½カップ
　　ナンプラー … 大さじ2

1 青大豆は洗い、厚手の鍋に入れて水6〜7カップを注ぎ、ひと晩おいて戻す（a）。
2 塩を加えて混ぜ、強火にかける。ひと煮立ちしたらアクを取り（b）、ふたをしないで弱火で15〜20分、好みのかたさにゆでる。
  ● 1粒食べてみて、好みのかたさになったらOK。食感を残したい場合は15分を目安にゆでる。
3 ざるに上げて湯をきり（c）、保存容器に入れる。熱いうちにAを加えてスプーンで混ぜ（d）、そのまま冷ます。
  ● 冷蔵庫で2日以上つけると、より味がなじむ。冷蔵で5日ほど保存可能。

切り干し大根とキャベツのサブジ

材料（作りやすい分量）
切り干し大根 … 1袋（50g）
A｜ 水 … 1カップ
　　酒、ケチャップ … 各大さじ1½
　　カレー粉 … 大さじ½
　　塩 … 小さじ¼
　　こしょう … 少々
オリーブ油 … 大さじ1½
にんにく（縦半分に切り芯を除いてつぶす）
　… 大1かけ分
キャベツ（縦2〜3等分にして横1cm幅に切る）
　… 4〜5枚分（300g）
スライスベーコン（横3cm長さに切る）
　… 5枚分（約80g）

1 切り干し大根は、流水に当てながらもみ洗いし（a）、ぬめりが出てきたらざっと洗って水けを絞り、半分に切る（b）。ボウルにAを合わせて混ぜる。
  ● 洗ってぬめりを出すと、戻さずに煮てもやわらかく仕上がる。
2 大きめのフライパンにオリーブ油、にんにくを入れて強めの中火にかける。香りが立ったら、キャベツ、1の切り干し大根、ベーコンを加えて（c）油がまわるまで炒める。
3 合わせたAを加えて（d）ざっと混ぜ、ふたをして煮る（e）。ふつふつとしてきたら弱火にし、ときどき混ぜながら20分ほど蒸し煮にする。
4 ふたを取り、汁けが残っていたらゴムべらで混ぜながら強火で炒め、水分を飛ばす（f）。
  ● 清潔な容器に入れ、冷蔵で5日ほど保存可能。

1章　和食　春　乾物のおかずと使える常備菜

絞り終えたら半分にカット

2 フライパンに **1** のひじきを入れて強火にかけ、木べらで混ぜながら炒めて水分を飛ばす（ a ）。
3 保存容器に入れ、熱いうちに合わせた A を加えて（ b ）混ぜ、そのまま冷ます。
  ● 冷蔵で5〜6日保存可能。

Memo

パスタの具として使っても。

ひじきのマリネ

サニーレタスとひじきのサラダ

材料（作りやすい分量）
芽ひじき（乾燥）…16g
A｜しょうゆ…大さじ1
　｜酢…大さじ1
　｜オリーブ油…大さじ1½
　｜塩、こしょう…各少々

1 ボウルにたっぷりの水とひじきを入れ、15〜20分つけて戻す。ざるに上げてさっと洗い、水けをよくきる。ボウルに A を合わせて混ぜる。
  ● ひじきは爪の先でスッと切れるくらいまで戻す。

材料（4人分）
サニーレタス（食べやすくちぎる）
　…4〜6枚分（80g）
ひじきのマリネ（左段参照）…50g

ボウルにサニーレタス、ひじきのマリネを入れて和える（ a ）。

和えるだけ！の簡単サラダ

初夏を味わう
シンプルご飯

- 新しょうがご飯
- とうもろこしのかき揚げ
- たこときゅうりのしょうが風味
- じゅんさいとオクラの吸い物
- 枝豆豆腐

新しょうが、とうもろこし、枝豆、じゅんさい……旬満載の献立です。食材ひとつひとつを生かすシンプルなレシピで、蒸し暑くなる気候に合わせてさっぱりと、そして彩りと香りも豊かに仕上げます。

新しょうがご飯

材料（4人分）
油揚げ…1枚（50g）
米（といでざるに上げ30分おく）…2合
A │ 酒…大さじ1
　│ 塩…小さじ⅔
　│ しょうゆ…小さじ1½
かつお昆布だし（p.41参照）…430㎖
新しょうが（皮つきのままぜん切り／a）
　…40g

1　油揚げは熱湯でゆで、油抜きをする。ざるに上げて粗熱をとり、水けを絞って粗みじん切りにする（b）。
2　土鍋に米とAを入れ、だしを加えて混ぜる。1、しょうがを順にのせて（c）ふたをし、中火にかける。蒸気が上がったら弱火にして15分炊く。
3　火を止めて10分蒸らし（d）、全体をさっくりと混ぜる。

炊き上がり

とうもろこしの
かき揚げ

材料（4人分）
とうもろこし…1本（約300g）
薄力粉…¼カップ（30g）
水…¼カップ
揚げ油…適量
粗塩…少々

1. とうもろこしは皮をむき、長さを2～3等分にして包丁で実をそぎ取る（正味約200g／a）。大きめのボウルに入れ、分量の薄力粉から大さじ1を取り分け、ボウルに加えてスプーンで混ぜる（b）。
2. 別のボウルに分量の水を入れ、残りの薄力粉をふり入れて箸でさっくりと混ぜる。
   ● 粉けが残る程度でOK。
3. 1に2を加え（c）、スプーンでざっと混ぜる。
4. 直径28cmのフライパンに揚げ油を2cm深さに入れ、170℃に熱する。3をスプーンでひと口大にすくい、箸でそっと油に落とし入れ（d）、形を整える。同様にして一度に4～5個ずつ入れ、カラッとするまで3～4分揚げる（e）。取り出して油をきり、粗塩をふる（f）。

> 4～5個ずつ揚げる

おいしい
とうもろこしの選び方

生のとうもろこしは鮮度が命。スーパーに並ぶ皮つきのとうもろこしを選ぶポイントは、以下の3つです。

1. 皮のグリーンがみずみずしく、ハリがあるものを選ぶ。皮が黄色いものは収穫から時間がたち、鮮度が落ちている。
2. ひげがふさふさしたものを選ぶ。ひげは粒の数と同じといわれているので、びっしり生えたものは実が詰まっている証拠。またひげの色は、白色より茶褐色のほうが、よく熟している。
3. 皮なしで販売されている場合は、粒にシワや凹みがないもの、粒が大きくてふっくらしたものを選ぶ。

たこときゅうりのしょうが風味

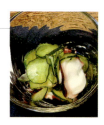

材料（4〜5人分）
きゅうり…2本（200g）
塩…ふたつまみ
ゆでだこの足…150g
A｜酢…大さじ1
　｜しょうゆ…大さじ1
　｜しょうが汁…大さじ½
　｜砂糖…小さじ1

1. きゅうりは薄い小口切りにする（a）。ボウルに入れて塩を加えて混ぜ、10分おいて水けを絞る。
2. たこは足先を少し切り落とし、5mm厚さのそぎ切りにして（b）ボウルに入れ、冷蔵庫で冷やす。
3. 別のボウルにAを合わせて混ぜ、1を加えて混ぜて冷蔵庫で冷やす。
4. 食べる直前に、3に2を加えて和える。

じゅんさいとオクラの吸い物

材料（4人分）
オクラ…4本
塩…適量
生じゅんさい…½カップ（100g）
◉水煮のじゅんさいを使う場合は、2で下ゆでは不要。
かつお昆布だし（p.41参照）…3カップ
A｜しょうゆ…小さじ⅔
　｜塩…小さじ¼
青ゆず…適量

1. オクラはヘタ先を切り落とし、がくのまわりをむく。まな板にのせて塩をまぶして板ずりし（a）水で洗い、薄い小口切りにする（b）。
2. じゅんさいはざるにあけ、水を張ったボウルにつけてやさしく洗う。熱湯でさっとゆで（c）、氷水で冷やす（d）。
3. 鍋にだしを入れて煮立て、A、1を加えてさっと煮る。水けをきった2を加えてひと混ぜし、火を止める。
4. 器に注ぎ、青ゆずの皮をすりおろして散らす。

枝豆豆腐

少し透き通ってゆるくなるまで

材料（直径約8cmの容器8個分）
枝豆（さやつき）…300g
A │ かつお昆布だし（p.41参照）…2カップ
　│ 塩…小さじ½
　│ 砂糖…小さじ⅓
　│ 本くず粉…40g
B │ かつお昆布だし（p.41参照）…½カップ
　│ しょうゆ…小さじ1
　│ みりん…大さじ½
　│ 塩…少々
練りわさび…少々

1　枝豆はヘタを切り、さやつきのまま熱湯でやわらかめに6〜8分ゆでる。ざるに広げて粗熱をとり、さやから豆を取り出して薄皮を除く（正味約150g）。フードプロセッサーに入れて攪拌し、ペースト状にする（a）。

2　鍋にAを合わせて混ぜ、くず粉が溶けるまでおく。強火にかけ、ゴムべらで混ぜながら煮立て、ところどころかたまってきたら（b）弱火にし、透き通ってくるまで混ぜながら6〜7分煮る（c・d）。火を止めて1を加え、泡立て器で混ぜる（e）。

3　水でぬらした容器に、2を等分に流し入れる（f）。粗熱をとってラップをかけ、冷蔵庫で1時間以上冷やし固める。
　● 容器の代わりにラップで茶巾にして輪ゴムで留め、氷水に浸して冷やし固めても（g）。

4　鍋にBを合わせて混ぜ、火にかけて煮立てボウルにあける。粗熱をとり冷蔵庫で冷やす。

5　3を水を張ったボウルにつけながら、手で容器からそっと取り出す（h）。器に盛り、わさびをのせて4をかける。

コーヒーが入ったよ！

あじの三枚おろし
をマスターしよう

- あじの三枚おろし
- あじのたたき
- あじの南蛮漬け
- 焼きなすのオリーブしょうゆ
- 焼きなすの赤だし

新鮮なあじが手に入ったら、ぜひ三枚おろしにチャレンジしてください。おろしたあじは、薬味を加えてたたきで楽しみ、さらにからっと揚げて南蛮漬けに。同じく夏が旬のなすも一緒に味わいます。

あじの三枚おろし

材料（1尾〜）
あじ（刺し身用）…あじのメニューに準じる
● あじ1尾約180g（正味約80g）が目安。

頭　胸びれ　背びれ　ぜいご　尾
腹びれ　肛門　尻びれ

1. あじは流水で洗う。
2. うろこを取る。水でぬらした新聞紙やわらばん紙を敷いた上にあじの頭を左、腹側を手前にしておく。左手で胸びれを立て、右手は包丁の刃を下向きにして頭側に少し寝かせて身に当て、尾から頭に向かってうろこをこそげ取る（a）。反対側も同様に行う。

3. ぜいごをそぎ取る。尾のつけ根から刃先を入れ（b）、刃を上下に動かしながらぜいごをそぎ取る（c）。反対側も同様に行う。

ぜいごは突起状のかたいうろこ

4. 頭を落とす。胸びれを立て、胸びれのつけ根から腹びれのつけ根のラインに包丁を斜

めに入れて、一気に頭を切り落とす（d・e）。

5　内臓を除く。あじの頭側を右にしておき、肛門に刃先を入れ（f）、頭に向かって腹を切り開き（g）、刃先で内臓をかき出す（h）。さらに腹から刃先を入れて、中骨の上にある薄い膜に軽く切り目を入れ、流水で腹の中をきれいに洗う。中骨あたりを指でこすり洗いしながら、血合いや残ったワタを取る（i）。全体を洗ってうろこを流し（j）、水けをしっかりふく（k）。

6　片側の身をそぐ。あじの頭側が上、腹側が左にくるようにおき、頭から尾に向かって背びれの上側に浅く切り目（ガイドライン）を入れる（l）。次に切り目に沿って深く包丁を入れて切る（m）。

7　あじの上下の向きを変え、尾から腹に向かって尻びれの上側に浅く切り目（ガイドライン）を入れる（n）。6と同様に、切り目に沿って深く包丁を入れる（o）。

8　あじの尾側を左にしておき、左手で尾を押さえ、尾のつけ根の中骨の上に包丁の刃先を頭側に向けて差し込み（p）、中骨に沿って刃を小刻みに動かしながら身を切り離す（q）。包丁の向きを変えて左手で頭側を軽く押さえ、尾のつけ根まで包丁を入れて片側の身を切り離す（r・s）。

→p.56へつづく

→p.55のつづき

9 残りの身をそぐ。中骨のついた身を皮を上にしておき、6～8を参照して身を切り離す（t）。
- ◉中骨に身がたくさん残ったらスプーンなどでこそげ取り、あじのたたき（右段参照）に使う。

三枚おろし完了

10 腹骨を取る。Aの身（t左）を頭側を上にしておき、包丁の刃を上向きにして腹骨と身の間に刃先を入れ、矢印の方向に切り目（ガイドライン）を入れる（u）。次に包丁の刃を下向きにして切り目に沿って寝かせて入れ、矢印の方向にそぐように引いて腹骨を取り（v）、最後に包丁を立てて切り落とす（w・x）。Bの身（t右）は、同様にして切り目（ガイドライン）を入れたら頭側を下にしておきなおし、腹骨を切り落とす。
- ◉一度で取りきれない場合は再度行う。

腹骨をそぎ取る

11 小骨を除く。身の中央を指でなで、小骨が当たる部分を確認し、骨抜きで抜き取る（y）。もう1枚も同様にする。

- ◉頭のつけ根あたりにも小骨があるので、必ず取り除くこと（z）。

あじのたたき

材料（4人分）
みょうが…1本
あじの三枚おろし（p.54～56参照）
　　…2尾分（4枚／正味約160g）
A｜しょうが（みじん切り）…大さじ1
　｜小ねぎ（小口切り）…3本分
青じそ…4枚
しょうゆ…適量

1 みょうがは縦半分に切って縦薄切りにし、水にさっとさらして水けをきる。
2 あじは頭側から皮を指でつまみながら腹あたりまでめくり（a・b）、左手で身を軽く押さえて右手でめくれた皮を持ち、小刻みに引きながらはぐ（c・d）。残りも同様にする。
3 2を横1cm幅に切って粗く刻み、まな板の上に広げ（e）、Aをのせて包丁の刃元で軽くたたきながら混ぜる（f）。
- ◉細かくしすぎたりたたきすぎると粘りが出るので注意。食べるまで冷蔵庫で冷やすとよりおいしい。

4 器に青じそを敷いて3を盛り、1としょうゆを添える。

1章　和食　夏　あじの三枚おろしをマスターしよう

玉ねぎ（あれば新玉ねぎ／縦5mm幅に切る）
　…1個分（250g）

1　あじは縦半分に切り（a・b）、薄力粉を薄くまぶす（c）。
2　直径26cmのフライパンに揚げ油を2cm深さに入れ、180℃に熱する。1を余分な粉を払いながら半量入れ、返しながら2～3分こんがりと揚げて（d）バットに取り出す。残りも同様にする。
3　鍋にAを合わせて混ぜ、強めの中火にかける。ひと煮立ちさせて玉ねぎを加え（e）、再度沸騰したら火を止め、2にかける（f）。ときどきスプーンで汁をかけながら粗熱をとる。

新玉ねぎならさっとでOK

あじの南蛮漬け

材料（4人分）
あじの三枚おろし（p.54～56参照）
　…4尾分（8枚／正味約320g）
薄力粉…適量
揚げ油…適量
A　赤唐辛子（種を取り小口切りにする）
　　　…1本分
　　酢…1/3カップ
　　砂糖…大さじ2
　　しょうゆ…大さじ3
　　かつお昆布だし（p.41参照）…2/3カップ

焼きなすの オリーブ しょうゆ

材料（4人分）
なす…4本（400g）
しょうゆ、オリーブ油…各少々

1. なすはヘタのまわりに浅く包丁を入れてヘタの先を除き、焼き網に並べて強火にかける（a）。ときどきトングでまわしながら、全体が真っ黒になるまで焼いてバットに取り出す（b）。氷水にさっとつけて（c）ペーパータオルで皮をきれいに取り除き（d）、冷蔵庫で冷やす。
2. ヘタのつけ根に竹串を刺して縦に6等分くらいに裂き（e・f）、ヘタを切り落とす。
3. 器に盛り、しょうゆとオリーブ油をかける。

焼きなすの 赤だし

材料（4人分）
なす…4本（400g）
かつお昆布だし（p.41参照）…3カップ
赤だしみそ…大さじ2½
溶きがらし（練りがらし小さじ1を
　水少々で溶きのばしたもの）…少々

1. なすは左段「焼きなすのオリーブしょうゆ」の**1**と同様にして焼き、皮を取り除く（冷蔵庫で冷やさない）。
2. 包丁でヘタを切り落とし、長さを3等分に切る（a）。
3. 鍋にだしを入れてひと煮立ちさせ、みそを溶き入れて火を止める。
4. 器に**2**を等分に盛り、**3**を注いで（b）溶きがらしをのせる。

なすの皮むきは任せて！

夏のつけ麺献立

- 豚肉となす、
  にらのあったかつけ麺
- 自家製卵豆腐
- 薬味みそ
- ミニトマトのコンポート

エアコンで冷えた体にうれしい温かいつけ麺と、さっぱり食べられる副菜を組み合わせました。つけ麺はつけ汁にスタミナ食材をたっぷり使っているので、食欲がないときにもおすすめです。

豚肉となす、にらのあったかつけ麺

材料（4人分）
なす（ヘタを落として縦半分に切り、1cm幅の
　斜め切りにする）…4〜6本分（約400g）
豚バラ薄切り肉（4cm長さに切る）…200g
ごま油…大さじ2
A｜かつお昆布だし（p.41参照）
　　　…3½カップ
　　みりん…大さじ4
　　しょうゆ…大さじ4
　　砂糖…大さじ1
　　塩…小さじ¼
にら（4cm長さに切る）…1束分（100g）
そうめん…6束（300g）

1　フライパンにごま油をしいて強火で熱し、なすを入れて2分ほど炒める（a）。豚肉を加えて肉の色が変わるまで炒める。Aを順に加えて（b）煮立ったらアクを取り、ふたをして弱火で10分ほど煮る。
2　なすがやわらかくなったらにらを加え（c）、強火でさっと煮る。
3　鍋にたっぷりの湯を沸かし、そうめんを袋の表示どおりにゆでる（d）。ざるに上げて湯をきり、流水で洗って氷水で冷やし、水けをきる。
4　3と2をそれぞれ器に盛る。

Memo
つけ汁には粉山椒や七味唐辛子をふってもおいしい。

→p.60へつづく

→p.59のつづき

にらは
さっと！

自家製卵豆腐

材料（口径約7×高さ約6cmの耐熱容器6個分）

A｜ かつお昆布だし（p.41参照）…½カップ
　　しょうゆ、みりん…各小さじ⅔
　　● アルコールが気になる場合は一度煮立てる。

卵…3個

B｜ かつお昆布だし（p.41参照）
　　…1¼カップ
　　塩、しょうゆ…各小さじ½
　　みりん…小さじ1

青ゆず…適量
練りわさび（好みで）…少々

1　ボウルにAを合わせて混ぜ、かけ汁を作って冷蔵庫で冷やす。
2　別のボウルに卵を割り入れてほぐし、泡立てないように溶く。
　● 菜箸をボウルの底につけたまま左右に動かし、卵白を切るようにほぐしながら混ぜる。
3　別のボウルにBを混ぜ、2に加えて混ぜ合わせ卵液を作る。ざるでこして（a）耐熱容器に等分に流し入れ（b）、ラップをかける。
　● 気泡が気になる場合は着火ライターなどで消す（c）。
　● ラップをかけることで、加熱中に蒸し器から落ちる水滴が入るのを防ぐ。
4　蒸気の上がった蒸し器に並べ（d）、ふたをして最初は強火で1分、次にごく弱火にして12～15分蒸す。蒸し器から取り出して粗熱をとり、冷蔵庫で2時間以上冷やす。
　● 竹串を刺して透明な汁が出てきたら蒸し上がり。
5　4に1を等分にかけ、青ゆずの皮をすりおろして散らす（e）。好みでわさびをのせる。

Memo

15×14×高さ4.5cmの流し缶で作って切り分けても。その場合は15分以上蒸す。

ゆるい場合は
追加で
2～3分蒸す

薬味みそ

材料（作りやすい分量）
新しょうが…50g
みょうが…3個
青じそ…10枚
きゅうり…適量
みりん…大さじ1
削り節（2.5g入りのもの）…½袋
みそ（好みのもの）…150g

1 しょうがは汚れをこそげ取り、皮つきのまま粗みじん切り、みょうがと青じそは粗みじん切りにする。きゅうりはすりこ木で軽くたたいて割る（a）。
2 直径10cmの耐熱ボウルにみりんを入れ、ラップをかけずに電子レンジで40秒～1分加熱して煮きる。
3 別の直径10cmの耐熱ボウルに削り節を入れ、ラップをかけずに電子レンジで40秒加熱し、指でもんで細かくする。
   ●パリパリにして粉かつおにする。
4 ボウルにみそ、2、3を入れて混ぜ、しょうが、みょうが、青じそを加えて混ぜる（b）。器に盛り、きゅうりを添える。
   ●清潔な容器に入れ、冷蔵で1カ月ほど保存可能。

Memo
- 貝割れ菜やきゅうりなど水分が出やすいもの以外、余った薬味をどんどん入れても。水分が多くなってきたら、すりごまや削り節を加えて調整を。
- 蒸しなすや冷ややっこにのせてもおいしい。

ミニトマトのコンポート

材料（4人分）
A｜はちみつ…大さじ1½
　｜レモン汁…¼カップ
ミニトマト…1パック（約200g）

1 ボウルにAを合わせて混ぜる。
2 ミニトマトはヘタを取り、竹串で3カ所ほど穴をあける。鍋に湯を沸かしてミニトマトを入れ（a）、皮が弾けたらすぐに氷水にとって皮をむく。
3 1に2を加えて混ぜ、落としラップをして（b）冷蔵庫で1時間以上冷やす。
   ●清潔な容器に入れ、冷蔵で4日ほど保存可能。

ゆですぎ注意！

秋の味覚を
ほっこり楽しむ

- さんまのフライパン塩焼き
- きのこけんちん汁
- なすのくたくた煮
- 栗ご飯

さんま、きのこ、なす、栗。おなじみの秋の味覚を使い、下ごしらえからていねいに作る理想的な献立です。さんまと栗は出回り時期が短いので、新鮮なものが手に入ったらぜひ作ってください。

さんまの フライパン 塩焼き

材料（4人分）
さんま…4尾（約400〜600g）
塩…小さじ½〜⅔
薄力粉…適量
サラダ油…大さじ1½
大根（すりおろして軽く水けを絞る）…適量
すだち（横半分に切る）…2個分

1 さんまは頭を左にして新聞紙などの上におき、あればうろこを除く（p.54の **2** 参照）。胸びれのつけ根に包丁を当てて頭を切り落とし（a／p.54の **4** 参照）、長さを半分に切る。

2 2等分したうちの頭側の切り身のワタを除く。頭側から腹に割り箸を差し込んでワタを少し引き出し、割り箸でつまんで（b）スッと引き抜く。次にボウルに入れた塩水（水2カップ＋塩小さじ2が目安／分量外）に浸しながら、さんまの腹に指を入れてよくこする（c）。さらに腹に割り箸を差し込んで中骨のきわをこすり（d）、流水できれいに洗って水けをふき取る（e）。

3 焼く直前に両面に塩をふり（f）、茶こしで薄力粉を薄くまぶす（g）。

4 フライパンにサラダ油をしいて中火で熱し、盛りつけたときに表になるほうを下にして並べ入れる（h）。ふたをしないで2分ほどこんがり焼いてひっくり返し、同様に1分30秒〜2分焼く。

  ◉ 盛りつけるときは、さんまの頭側が左向きになる。
  ◉ 焼き上がりの目安は尾のつけ根の身が骨からはがれてくるまで。

5 器に盛り、大根おろしとすだちを添える。

Memo

さんまをオリーブ油で焼き、レモンを搾って食べてもおいしい。

新鮮なさんまは
ワタをスッと
引き出せる

※写真f・g・hは、塩焼き6尾分の
さんまになります。

はじめは
表になるほうを
下にして
焼き目をつける

さんまの選び方

さんまは鮮度が大事なので、購入したものはその日のうちに調理するのがおすすめです。スーパーでは以下の4つを参考にして、いいさんまかどうかを見極めてください。

1. 全体に身がふっくらとしてハリがあるものを選ぶ。厚みのあるさんまは脂がのっている。また魚は内臓から悪くなるので、腹がダレておらずかたいもの、肛門から内臓やフンが飛び出していないものがよい。
2. 全体にキラキラと輝き、背が青黒く腹の銀色がくっきりと鮮やかなものが新鮮。
3. 黒目のまわりが透明で澄んでいるものを選ぶ。濁っているものは鮮度が落ちているので避ける。
4. くちばし(下あごの先端)が黄色いものは脂がのっていると言われているので、それを目安に選ぶ。

さんまの季節だよ

きのこ
けんちん汁

材料（4人分）
A　こんにゃく（下ゆでしてざるに上げ、
　　粗熱をとって短冊切り）
　　　…約⅓枚分（70g）
　　にんじん（短冊切り）…小½本分（50g）
　　大根（短冊切り）…60g
B　生しいたけ（石づきを除き
　　5㎜厚さに切る）…3枚分
　　しめじ（石づきを除いてほぐす）
　　　…½パック分（約80g）
ごま油…大さじ1
木綿豆腐（手で粗く割って二重にした
　ペーパータオルで包み、10分おく／a）
　　…1丁分（300g）
かつお昆布だし（p.41参照）…4カップ
塩、しょうゆ…各小さじ1

1　鍋にごま油をしいて強めの中火で熱し、A
　　を入れて炒める。油がまわったらBを加え、
　　さっと炒める。
2　具を端に寄せ、豆腐を入れて崩しながら炒
　　める（b）。だしを加えてひと煮立ちさせてア
　　クを取り、ふたをして弱火で10分ほど、野
　　菜がやわらかくなるまで煮る。塩、しょうゆを
　　加えて味をととのえる。

なすの
くたくた煮

材料（3〜4人分）
煮干し…20g
なす…小4本（約350g）
ごま油…大さじ1½
さやいんげん（ヘタを切る）…60g
A　水…1½カップ
　　しょうゆ、酒…各大さじ1
　　砂糖…小さじ2

1　煮干しは頭を除き、骨に沿って半分に裂い
　　て腹ワタを除く。
2　なすはヘタを落として縦半分に切り、皮目
　　に斜めに5㎜間隔で切り目を入れる。
3　鍋にごま油をしいて強火で熱し、2を皮目
　　を下にして入れ、油がまわるまで2分ほど
　　炒める。いったん火を止め、1、いんげん、
　　Aを加える。
4　再び強火にかけてひと煮立ちさせ、ふたをし
　　て中火で10〜15分、なすがくたくたになる
　　まで煮る（a）。器に盛り、残った煮汁を煮
　　詰めてかける。

なすのお尻を
はさんで
きゅっと箸が
入ればOK!

栗ご飯

材料（4人分）
栗…300g
米（といで30分浸水させる）…2合
塩…小さじ2/3
みりん…大さじ1
水…430㎖
昆布（5㎝）…1枚
ごま塩（好みで）
　黒いりごま…小さじ1
　塩…小さじ1/3

1. 栗は鬼皮と渋皮をむいて（右段カコミ参照）縦半分に切り（大きい場合は4つ割り）、15分ほど水につける。
2. 厚手の鍋（または土鍋）に水けをきった米を入れ、塩、みりん、分量の水を加えて混ぜる。昆布、水けをきった**1**をのせてふたをし、中火にかける。蒸気が出たら弱火にして15分炊き、火を止めて10分蒸らす。
   - ●炊飯器の場合は、内釜に米、塩、みりんを入れ、水を2合の目盛りまで注いで混ぜ、昆布、水けをきった**1**をのせ、普通に炊く。
3. 炊き上がったら昆布を取り出し（a）、全体をさっくりと混ぜる（b）。器に盛り、好みでごま塩の材料を合わせて混ぜ、少々ふる。

栗の皮のむき方

私は包丁を使ってむきますが、栗の皮むき器を使ってもOKです。

1. 大きめのボウルに栗とかぶるくらいの熱湯を入れ、15～20分おいて（a）水けをふき取る。
   - ●熱湯につけることで鬼皮がやわらかくなりむきやすくなる。
2. 栗のおしり（座）を包丁で渋皮ごと切り落とす（b）。
3. 鬼皮をむく。**2**の切り口に包丁の刃元を当て、鬼皮を引っかけて下から上へ引きはがすようにむく（c）。
4. 栗の側面から渋皮をむく。まず、おしりの切り口から反対側の切り口までをむき（d）、次に平らな面を下から上に向かってすべてむく。最後にむき残しをそぎ取る（e）。

おいしい おいなりさんのコツ

- いなりずし
- 長ねぎとえのきの梅風味スープ
- れんこんの鮭はさみ揚げと いちじくの天ぷら
- いろどり野菜とひじきのサラダ レモンじょうゆドレッシング

秋の行楽シーズンにぴったりなおいなりさんが主役。油揚げの油抜きや煮方で味が大きく変わるので、まずは基本を身につけて。献立にはおいなりさんの甘辛味を引き立てる、酸味のある副菜を盛り込みました。

いなりずし

材料（20個分）
油揚げ…10枚（約340g）
A｜かつお昆布だし（p.41参照）
　　…2½カップ
　　砂糖…大さじ5～5½
　　しょうゆ…大さじ3½
すし酢
｜酢…大さじ4
｜砂糖…大さじ1½
｜塩…小さじ½
米（といでざるに上げ30分おく）…2合
水…360㎖
白いりごま…大さじ1½

1　油揚げは両面に麺棒を転がしてならし、横半分に切って切り口から袋状に開く。たっぷりの熱湯に入れて表裏を返しながら、3分ほどゆでて油抜きをする。ざるに広げて冷まし（a）、数枚ずつ両手ではさんで水けをしっかり絞る（b）。これをもう1回くり返し計2回絞る。

● ゆでるときに油揚げに穴をあけないよう、菜箸の持ち手側でひっくり返しながらゆでる。

2　直径22㎝の鍋にAを合わせて混ぜ、1を1枚ずつ広げ入れて落としぶたをし（c）、強めの中火にかける。ひと煮立ちさせて中火にし、15～20分煮る。途中、10分たったところで上下を返す（d）。鍋を傾けたときに煮汁が少し残る程度（大さじ3くらい）になったら（e）火を止め、そのまま粗熱をとる。

● ここまで作っておいて冷凍してもOK。

3　すし酢を作る。ボウルに材料を合わせて混ぜる。

4 炊飯器の内釜に米と分量の水を入れ、普通に炊く。炊き上がったら飯台またはボウルにあけ、3 をまわし入れて（f）白ごまを加え、切るように手早く混ぜる（g）。粗熱をとって20等分し、手に水をつけて俵型に軽く握る（h）。

5 2 の油揚げの口を開いて 4 を詰め、端を折って口を閉じ、形を整える。

◉ お弁当に入れる場合は油揚げの汁けを軽く絞る。

Memo

すし酢の代わりに、じゃこ酢（空き瓶にちりめんじゃこ¼カップを入れて酢をひたひたに注ぎ、ふたをして冷蔵庫にひと晩以上おいたもの）を混ぜても。

長ねぎと えのきの 梅風味スープ

材料（4人分）

かつお昆布だし（p.41参照）… 3½カップ
長ねぎ（斜め薄切り）… ⅔本分（70g）
えのきたけ（石づきを除いて長さを
　3等分に切り、ほぐす）… ⅓袋分（50g）
塩… 小さじ⅓
しょうゆ… 小さじ⅓
梅干し（種を除いてたたく）… ½個分

1 鍋にだしを入れて強火にかけ、ひと煮立ちさせて長ねぎ、えのきたけを加え（a）、さっと煮る。

2 塩、しょうゆで味をととのえて器に盛り、梅干しをのせる。

梅風味のスープが合う！

れんこんの鮭はさみ揚げといちじくの天ぷら

材料（4人分）
- 生鮭…2切れ（約200g）
- 塩…小さじ⅔
- 酒…大さじ1
- れんこん（皮をむき7mm厚さの半月切り〈細ければ輪切り〉にする）…16枚分（300〜330g）
- 水…¾カップ
- 薄力粉…¾カップ（100g）
- 揚げ油…適量
- いちじく（ヘタを切り縦4つ割りにする／a）…2個分
- 粗塩（好みで）…少々

1. 鮭はバットに並べて両面に塩をふり、酒をからめて10分おいて水けをふく。まな板におき、ラップをかぶせて麺棒でたたき（b）、薄いところに合わせて厚みをそろえる。骨があれば除き、包丁の刃を皮と身の間に入れて皮をそぎ取り（c）、1切れにつき4等分する（d）。
2. れんこんはバットに並べ、茶こしで薄力粉（分量外）を薄くふる（e）。半量に **1** を1切れずつのせ（f）、残りのれんこんをのせてはさむ（g）。
3. ボウルに分量の水を入れて薄力粉をふるい入れ、さっくりと混ぜて衣を作る。
   ● 粉けが残る程度でOK。
4. フライパンに揚げ油を2cm深さに入れ、180℃に熱する。
5. **3** に **2** の半量をくぐらせて（h） **4** の油に入れ、5〜6分揚げて（i）薄いきつね色になったら取り出す。残りも同様に揚げる。
6. 油の温度を190℃に上げ、**3** にいちじくの半量をくぐらせて入れ、カラリとするまで2分ほど揚げて（j）取り出す。残りも同様に揚げる。
7. **5**、**6** を器に盛り、好みで粗塩を添える。

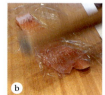

薄力粉は薄く！

余分な衣をふり落として油へ

いろどり野菜とひじきのサラダ レモンじょうゆドレッシング

材料（4～5人分）
芽ひじき（乾燥）…5g
水菜（5cm長さに切る）…50g
玉ねぎ（縦薄切りにして水にさらす）
　…¼個分（50g）
にんじん（スライサーで4cm長さの
　せん切りにする）…⅓本分（50g）
みょうが（縦半分に切って縦薄切りにし、
　水にさらす）…2個分（約30g）
==レモンじょうゆドレッシング==
　しょうゆ、オリーブ油…各大さじ1
　レモン汁…大さじ½
　塩、こしょう…各少々
　にんにく（すりおろす）…少々
しらす干し…大さじ5（30g）

1. ボウルにたっぷりの水とひじきを入れ、15～20分つけて戻す。ざるに上げてさっと洗い、水けをきる。
   ●ひじきは爪の先でスッと切れるくらいまで戻す（a）。
2. **1**と野菜類はすべて水けをしっかりきる。
3. レモンじょうゆドレッシングを作る。清潔な空き瓶に材料を入れ、ふたをしてふり混ぜる（b）。
4. 大きめのボウルに**2**としらす干し（トッピング用に少し取っておく）を入れ（c）、**3**を加えて和える（d・e）。
5. 器に盛り、取っておいたしらす干しをのせる（f）。

Memo
材料の水菜に代えて、豆苗で作っても。

空き瓶ドレッシングのススメ

ドレッシングを作るとき、私は空き瓶を使います。瓶にすべての材料を入れてふたを閉め、よくふるだけ。少量でも作りやすく、酢と油がしっかり混ざって乳化します。ドレッシングが残ったら、そのまま保存でき、洗い物が少なくすむのもいいところ。たれやソース作りにもおすすめです。

作っておけば安心！
万能おかず煮豚

- 煮豚
- 蒸し白菜のしょうがソース
- うにとゆり根の茶碗蒸し
- マッシュポテト

アレンジ料理に使いやすい煮豚は、ハレのシーンが多い年末年始になるととくに、くり返し作ってくれる生徒さんが多い人気メニュー。煮豚とともにゆり根をたっぷり入れた茶碗蒸しも、わが家のお正月の味です。

煮豚

材料（5〜6人分）
A｜水…2カップ
　｜酒…½カップ
　｜砂糖…60g
　｜しょうゆ…⅓カップ
長ねぎの青い部分（長ければちぎる）…1本分
しょうが（皮つきのまま薄切りにする）…4枚分
にんにく（縦半分に切り芯を除いてつぶす）
　…2かけ分
豚肩ロースかたまり肉（たこ糸で巻かれたもの
　／ a ）…400〜450g×2本
ほうれん草…250〜300g（1人分50g目安）

1　直径22cmの厚手の鍋にAを合わせて混ぜ、長ねぎの青い部分、しょうが、にんにくを加え（ b ）、豚肉を入れて強火にかける。煮立ったらアクを取り（ c ）、ふたをして弱火で30分煮る。豚肉の上下を返して（ d ）、ふたをしてさらに弱火で30分煮る。
2　ふたを取り、強めの中火にして豚肉をときどき返しながら、煮汁に照りが出てとろっとするまで煮る（ e ）。火を止めてそのまま粗熱をとる。
3　ほうれん草は根元を落として株元に十字の切り込みを入れ、水にさらしてシャキッとさせる。鍋に湯を沸かして塩少々（分量外）を加え、ほうれん草を株元から入れて（ f ）やわらかくゆでる。水にとって冷まして水けを絞り、5cm長さに切って再度水けをしっかり絞る（ g ）。
4　2の豚肉のたこ糸をはずし、横5mm厚さに切って（ h ）器に盛る。3とp.73「マッシュポテト」を添え、2の煮汁をかける。

照りが出るまで！

塩…小さじ¼
酒…½カップ

1 しょうがじょうゆソースを作る。しょうがはみじん切りにしボウルに入れ、しょうゆ、ごま油を加えてスプーンで混ぜる（a）。
   ● 最初に混ぜておくと味がなじんでおいしくなる。

2 白菜はひと口大に切り、フライパンに広げて（b）塩をふり、酒をまわし入れる。ふたをして強火にかけ、ひと煮立ちさせてごく弱火にして20分、水分が上がるまで蒸し煮にする（c）。

3 ふたを取って全体を混ぜ、再びふたをして弱火で20分、白菜が十分やわらかくなるまで蒸し煮にする（d）。

4 器に汁ごと盛り、1のソースをかける。

Memo

● 材料の酒に代えて紹興酒で作っても。
● 鶏もも肉をひと口大に切り、塩少々をふって10分おいてから白菜と一緒に蒸してもおいしい。

蒸し白菜のしょうがソース

材料（4～6人分）
白菜…¼株（500g）
しょうがじょうゆソース
　しょうが…大1～2かけ（15～30g）
　しょうゆ…大さじ½～1
　ごま油…小さじ1～2

うにとゆり根の茶碗蒸し

材料（5人分）
ゆり根（a）…1個（約120g）
A ┌ かつお昆布だし（p.41参照）…2½カップ
　│ 塩…小さじ½
　└ しょうゆ、みりん…各小さじ1
卵…3個
うに…大さじ4〜5
練りわさび（水少々で溶く）…適量

> 泡立たないように！

1 ゆり根はおがくずを除いて洗い、鱗片を1枚ずつはがす（b）。汚れた部分は包丁でそぎ取り、水に入れて土やおがくずを洗い流す。

2 鍋に湯を沸かして1を入れ、1〜2分ゆでて（c）ざるに上げて湯をきる（d）。
　● ゆでた状態で冷蔵で4日ほど保存可能。

3 ボウルにAを合わせて混ぜる。別のボウルに卵を割り入れてほぐし、Aのボウルに加えて泡立てないように混ぜ（e）、ざるでこす。
　● 菜箸をボウルの底につけたまま左右に動かし、卵白を切るようにほぐしながら混ぜる。

4 耐熱容器に2を等分に入れ（f）、3を等分に流し入れて（g）ふた、またはラップをする。
　● 気泡が気になる場合は着火ライターなどで消す。
　● ふた、またはラップをすることで、加熱中に蒸し器から落ちる水滴が入るのを防ぐ。

5 蒸気の上がった蒸し器に並べ（h）、ふたをして最初は強火で2分、次にごく弱火にして15分ほど蒸す。
　● 竹串を刺して透明な汁が出てきたら蒸し上がり（i）。

6 蒸し器から5を取り出してうにをのせ（j）、わさびをのせる。

マッシュポテト

材料（7〜8人分）
じゃがいも…2個（約300g）
A ｜ 牛乳…1¼カップ
　｜ 塩…小さじ½
　｜ こしょう…少々

1　じゃがいもは皮をむいて縦半分に切り、できるだけ薄い半月切りにする（a）。鍋に入れてAを加えて混ぜ（b）、強めの中火にかける。ふつふつとしてきたらごく弱火にし、ふたを少しずらしてのせ（c）、ときどき混ぜながら、じゃがいもに竹串がスッと通るまで（d）15分ほど煮る。

　● じゃがいもがかたい場合は、さらに2〜4分煮る。牛乳が少なくなると焦げやすいので、牛乳を適宜足して煮るとよい。

2　火を止めてじゃがいもをマッシャーでつぶす（e）。

　● へらで鍋底をこすったときに、へらの跡がゆっくり閉じるくらいのかたさが目安（f）。つぶしたあとに水分が多ければ、再び中火にかけ、混ぜながら水分を飛ばす（g）。

3　水でぬらしたスプーンですくい（h・i）、煮豚（p.70参照）に添える。

Memo

材料の牛乳の¼カップを生クリーム（動物性のもの）に置き換えるとよりコクが増す。

跡がゆっくり閉じるくらい

いかをさばいて いかづくし

- いかのさばき方
- いかと里いもの煮っころがし
- いかリングフライ
- いかげそとほうれん草、卵の炒め物
- りんごとはちみつのおろし和え

新鮮ないかが手に入ったら、自分でさばいて部位ごとに使い分けるのがおすすめ。煮っころがしはいかの胴と足、炒め物はエンペラと足、いかリングは胴だけを使い、いかをいろいろな調理法で楽しむ献立です。

いかのさばき方

材料（1杯〜）

するめいか…いかのメニューに準じる

◉ いか1杯300〜350gが目安。

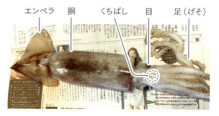

エンペラ　胴　くちばし　目　足（げそ）

1. 胴からワタを抜く。いかの胴の中に指を入れ（a）、胴と足がくっついている部分をはがす。エンペラと足のつけ根を持って胴からワタをゆっくり引き抜く（b・c）。さらに胴の内側から軟骨をはがし取り、ワタが残っていたら取り出す（d）。
2. ワタと足を切り分ける。目の下の部分に包丁を入れて（e）ワタと足を切り離す。
3. くちばしを除く。足のつけ根にあるくちばしを、2の切り口側の中央から指で押し出して取り出す（f）。
4. 胴は中に指を入れて水洗いする。足は吸盤をしごきながら洗い、水けをしっかりふき取る（g）。

a

ゆっくり引き抜く
b

1章 和食 冬 いかをさばいていかづくし

水にとって冷まし、指でぎゅっと押し出すようにして皮をむく。皮が残った部分は、包丁できれいにそぐ（b）。

● ゆで上がったら、まず1個水にとって皮をむき、むきにくければ追加でゆでる。

2　いかの胴はエンペラごと1cm幅の輪切りにする（c）。足は足先を少し切り、2〜3本ずつに切り分けて半分の長さに切る（d）。

3　直径22〜24cmの鍋にAを合わせて混ぜ、強めの中火にかける。煮立ったら2を加えて加熱し（e）、アクを取る。再び煮立ったら、いかをいったん取り出す（f）。

4　3の鍋に1を入れ、3のいかを戻し入れて上に広げる。落としぶたをして中火にかけ、里いもが十分やわらかくなるまで20分ほど煮る。

5　落としぶたを取って強火にし、ときどき鍋を揺すりながら、煮汁が少なくなるまで煮る。

いかと里いもの煮っころがし

材料（4人分）
里いも…800g
するめいかの胴、足（p.74参照）…各2杯分
A｜かつお昆布だし（p.41参照）…2カップ
　｜砂糖…大さじ2
　｜酒、みりん、しょうゆ…各大さじ3

1　里いもは皮ごとたわしでこすり洗いし、両端を少し切り落として大きいものは半分に切る。鍋に入れてたっぷりの水を注ぎ、強火にかける。煮立ったら中火にして8〜10分、竹串がスッと通るくらいまでゆでる（a）。

いか
リングフライ

材料（4人分）

A　薄力粉…大さじ4
　　溶き卵…1個分
　　水…大さじ1
B　ウスターソース…大さじ1½
　　ケチャップ…大さじ1
　　みりん…大さじ1
　　水…大さじ2
するめいかの胴（p.74参照）…2杯分
塩、こしょう…各少々
薄力粉…適量
ドライパン粉…適量
揚げ油…適量
ベビーリーフ…1袋

1　ボウルにAを入れて泡立て器でダマにならないように混ぜる。
2　小鍋にBを合わせて混ぜ、中火にかけてひと煮立ちさせソースを作る。
3　エンペラをはずしていかの皮をむく。いかの胴とエンペラのつながっている部分に指を入れてはずし（a）、胴の先端をペーパータオルで押さえながら、エンペラを下まで引っ張って胴の皮をむく（b）。残りの皮をペーパータオルでつまみながらきれいにむき（c・d）、胴は1cm幅の輪切りにして（e）水けをしっかりふき取る。
　◉はずしたエンペラは、p.77「いかげそとほうれん草、卵の炒め物」に使う。
4　3の胴に塩、こしょうをふって薄力粉を薄くまぶし、1をからめてパン粉をまぶす（f）。
5　大きめのフライパンに揚げ油を2cm深さに入れ、180℃に熱する。4を⅓量ずつ入れ、きつね色になるまで2分ほど揚げて油をきる（g）。
　◉一度にたくさん入れるとべちゃっとなるので2〜3回に分ける。また揚げすぎるとかたくなるので、きつね色になったらすぐに取り出す。
6　器にベビーリーフ、5を盛り、2を添える。

揚げすぎない！

いかげそと ほうれん草、卵の炒め物

材料（4人分）
ほうれん草…1袋（200g）
するめいかの足（p.74参照）、
　エンペラ（p.76の **3** 参照）…各2杯分
サラダ油…大さじ½
溶き卵…3個分
バター…大さじ1½
しょうゆ…小さじ2〜3
塩、こしょう…各少々

1　ほうれん草は根元を落として株元に十字の切り込みを入れ、水にさらして砂を除く。5cm長さに切り、茎と葉に分けて茎は裂く。
2　鍋にたっぷりの湯を沸かし、**1** の茎、葉を順に入れて混ぜ、すぐにざるに上げて広げ、粗熱をとって水けをしっかり絞る。
3　いかの足は足先を少し切り、1本ずつに切り分け、3〜4cm長さに切る（ a 上）。エンペラは、横1cm幅に切る（ a 下）。
4　大きめのフライパンにサラダ油をしいて強火でしっかり熱し、溶き卵を入れる。へらで大きく混ぜながら半熟状に炒め（ b ）、火を止めていったん取り出す。
5　**4** のフライパンをきれいにふき、バターを入れて余熱で半分ほど溶けたら **3** を加え（ c ）、強めの中火にかけて色が変わるまで炒める。**2** を加えて温まるまで炒める。
6　しょうゆ、塩、こしょうを加えて炒め、軽くほぐした **4** を加えて（ d ）さっと炒め合わせる。

りんごと はちみつの おろし和え

材料（4人分）
大根…⅓〜¼本（400g）
はちみつ甘酢
　米酢…大さじ2
　はちみつ…小さじ2〜3
　塩…小さじ⅙
りんご（塩少々をまぶして水洗いし、芯を除く）
　…小¼個分

1　大根は厚めに皮をむいてすりおろし、ざるにあけて自然に水けをきる。
　● 170〜180gの大根おろしができる。
2　保存容器にはちみつ甘酢の材料を合わせて混ぜ、**1** を加えて混ぜる。食べる直前まで冷蔵庫で冷やす。
3　りんごは皮つきのまま縦3mm厚さに切り、横斜め細切りにする。
4　**2** に **3** を加えて和え、器に盛る。

おでんで
あったまろう

- おでん
- いか入りなます
- 茶めし
- きなこと黒豆の
  キャラメル風味ケーキ

冬のあったか鍋の代表おでんは、ていねいな下処理の積み重ねで格段においしくなり、翌日はさらに味わい深くなります。献立は、おでんによく合うなますと茶めし、それにほっこりケーキを添えて。

おでん

材料（4〜5人分）
鶏手羽中（または手羽先）…12本（500g）
大根…⅔本（900g）
米のとぎ汁…適量
◉水適量＋米軽くひとつかみでもOK。
こんにゃく…1枚（約200g）
卵（室温に戻す）…4〜5個
油揚げ…2〜3枚
練り物（好みのものでOK）…合わせて500g
　さつま揚げ…4〜5枚
　いわし団子…小6個
　はんぺん…1枚
切り餅（横半分に切る）…2〜3個分
だし（かつお昆布だし、または煮干し昆布だし
　／p.41・42参照）…7カップ
A｜酒…¼カップ
　　砂糖…大さじ1
　　塩…小さじ1
　　しょうゆ…大さじ3
練りがらし（好みで）…適量

1　手羽中は骨に沿って切り込みを入れ（a）、はんぺんは4等分の三角形に切る（b）。
2　大根は2cm厚さの輪切りにして厚めに皮をむき、厚みの⅓くらいまで十字に切り込みを入れる（c）。鍋に入れて米のとぎ汁をかぶるくらい注ぎ、強火にかける。ひと煮立ちさせてふたをして、ごく弱火で20〜30分、竹串がスッと通るくらいまでゆでる（d）。流水で洗い、水けをきる。
3　こんにゃくは鍋に入れてかぶるくらいの水を注ぎ、強めの中火でゆでてアク抜きをする（e）。ざるに上げて粗熱をとり、横3等分

に切ってそれぞれ斜め半分に切る（f）。

4 卵は酢適量（分量外）を入れた熱湯にお玉で1個ずつそっと入れ（g）、中火で10分ゆでて氷水にとり、冷めたら殻をむく。

5 油揚げは両面に麺棒を転がしてならし（h）、横半分に切って切り口から袋状に開く。

6 さつま揚げ、いわし団子、5はざるに広げ、両面に熱湯をまわしかけて油抜きをする（i）。油揚げの粗熱がとれたら両手ではさんで水けを絞り（j）、餅を1切れずつ入れてつま楊枝で口を縫うように留めて餅巾着を作る（k）。残りも同様に作る。

7 大きい土鍋にだし、Aを合わせて混ぜ、2、1の手羽中を加えて強火にかける。ひと煮立ちさせてアクを取り（l）、ふたをして弱火で30分煮る。

8 6のさつま揚げといわし団子、3、4を加え（m）、ふたをして弱火で20分煮る。

◉ここで火を止めて冷まし、大根と手羽中に味をふくませるとよりおいしい。

9 6の餅巾着、1のはんぺんを加え（n）、弱火で餅巾着の餅がやわらかくなるまで5分ほど煮る。

10 器に取り分け、好みで練りがらしをつけて食べる。

◉残った煮汁でp.80「茶めし」を炊くとおいしい。

いか入りなます

材料（4人分）
大根…200g
にんじん…20g
いかのくんせい（またはさきいか）…40g
塩…小さじ½
オリーブ油、酢…各小さじ2
白いりごま…大さじ1

1 大根とにんじんは皮をむき、それぞれスライサーで細切りにする（a 上）。いかのくんせいはざく切りにする（a 下）。
2 ポリ袋に 1、残りの材料を入れ、袋の上から全体がなじむまでもみ込む（b）。袋の口を結び、冷蔵庫に30分おいて味をなじませる。

茶めし

材料（4人分）
米（といでざるに上げ30分おく）…2合
だし（かつお昆布だし、または煮干し昆布だし／p.41・42参照）…430㎖
● p.78「おでん」の煮汁でも。煮汁を使う場合は、A の塩を小さじ¼に減らす。
A ｜ 酒…大さじ1
　｜ しょうゆ…小さじ2
　｜ 塩…小さじ½

炊飯器の内釜にすべての材料を入れて混ぜ（a）、普通に炊く。炊き上がったらさっくりと混ぜる（b）。

きなこと黒豆のキャラメル風味ケーキ

材料（直径16×高さ6㎝の丸型1台分）
キャラメルクリーム
｜ 砂糖…50g
｜ 水…小さじ2
｜ 生クリーム（乳脂肪分35〜47%）…大さじ3
生地
｜ バター（食塩不使用）…80g
｜ 砂糖…70g
｜ 溶き卵…80g
｜ きな粉…20g
｜ B ｜ 薄力粉…100g
｜　 ｜ ベーキングパウダー…小さじ1
｜ 黒豆煮（市販）…1袋（約135g）

下準備

- バター、溶き卵、生クリームは室温に戻す。
- 黒豆煮はざるにあけて汁けをきる。
- 型にサラダ油適量（分量外）を塗り、オーブンシートを敷く（a）。
  ◉ オーブンシートは、底面を型と同じ円形、側面は型の高さより3cm高く、重なる部分を1〜2cm長くとった長方形にカットして敷き込む。
- オーブンは170℃に予熱する。

1　キャラメルクリームを作る。小鍋に砂糖と水を合わせ、強めの中火にかける。ときどき鍋をまわしながらキャラメル色になる直前で火を止める（b）。生クリームを加えてゴムべらで混ぜ（c）、すぐに耐熱ボウルに移して冷ます。
　　◉ 生クリームを加えるときにははねるので、火傷に注意。

2　生地を作る。別のボウルにバター、砂糖を入れ、ハンドミキサーで白っぽくなるまでしっかり混ぜる（d）。溶き卵を5回に分けて加え、そのつど混ぜる（e）。

3　1を加え（f）、全体がなじむまでハンドミキサーで混ぜる。

4　きな粉を加え、ゴムべらでなじむまで切るように混ぜる（g）。

5　Bを合わせてふるい入れ、ゴムべらでボウルの底からすくうようにして、粉けがなくなるまで混ぜ（h）、黒豆を加えてさらに切るように混ぜる。

6　型に流し入れ、上から台に4〜5回落として表面を平らにする（i）。170℃のオーブンで45〜50分焼く。

7　オーブンから取り出して網にのせて冷まし、完全に冷めたら型をはずしてオーブンシートをはがす（j）。

Column

和食の愛用調味料

おいしさを格上げする
基本の調味料とだしの素材を紹介。

削り節 少量でしっかりしただしがとれるかつおの枯れ節。花鰹（まるてん）／ **煮干し** 干したかたくちいわしから脂が少ない上質なものを選別。いりこ（やまくに）／ **昆布** 知床半島で収穫された羅臼昆布。コクのある濃厚なだしがとれる。羅臼昆布（奥井海生堂）／ **すりごま** ごまの粒をほどよく残した風味豊かなすりごま。オニザキのつきごま（オニザキ）

米酢 まろやかなうまみとコクがあり、ツンとしない上品な酸味。純米富士酢（飯尾醸造）／ **薄口しょうゆ** 素材の色や風味を生かしながら、おだやかな味に仕上げたいときに。超特選丸大豆うすくち 吟旬芳醇（ヒガシマル醬油）／ **練りごま** ごま100％の濃厚な練りごまは、和え物などに。和泉屋の練り胡麻 白（和泉屋）／ **みそ** ふだん使いは越後みそや信州みそ、料理によって仙台みそや西京みそなどを使用。

2章

中・韓・アジアの献立

シュウマイ、餃子、肉まん、スパイスカレー、キンパなど、
中華料理、韓国料理、アジア＆エスニックの大定番を
イチからていねいに調理して味わいつくします。
家族で一緒に作って楽しんでください。

食がすすむ
中華の定番おかず

- シュウマイ
- サンラータン
- 春キャベツの回鍋肉風(ホイコーロー)
- トマトと卵の炒め物

シュウマイはたねにえびを合わせ、回鍋肉には春キャベツを使用。定番ながら食材の組み合わせを変えたり、旬の素材を取り入れて、いつもの味をおいしくアレンジして楽しむ献立です。

シュウマイ

材料（4人分）
たね
- 豚肩ロース薄切り肉…250g
- むきえび…100g
- A | 塩…小さじ¼
    | しょうが（すりおろす）…小さじ1
    | 砂糖…小さじ2
    | 酒…小さじ2
    | ごま油…小さじ2
    | しょうゆ…大さじ1
- 玉ねぎ（みじん切り）…½個分（100g）
- 片栗粉…大さじ3

シュウマイの皮…24枚
キャベツの葉（またはレタスや白菜の葉/芯を除く）…適量
練りがらし（好みで）、しょうゆ…各適量

1 たねを作る。豚肉は細切りにして粗く刻んで包丁でたたく（a）。えびはあれば背ワタを取り、粗く刻んで包丁でたたき（b）、豚肉とともにボウルに入れる。Aを加えて（c）粘りが出るまで手で練り混ぜる（d）。

2 別のボウルに玉ねぎ、片栗粉を合わせて混ぜ（e）、1に加えてなじむまで混ぜる（f）。

3 たねを包む。シュウマイの皮に2を大さじ1ほどのせる（g）。
   ◉ シュウマイの皮を台に並べて、たねを全部のせてから包んでもOK（h）。

4 親指と人さし指で作った輪の中にたねがおさまるように3をのせ（i・j）、スプーンの背でたねを押し込む（k）。
   ◉ スプーンを水につけてから行うと、たねがくっつきにくくなる。

5 台の上において側面を押さえ、回しながら形を整える（l・m）。同様に計24個作る。
6 セイロ（または蒸し器）にキャベツの葉を敷き（n）、5を間隔をあけて並べる（o）。
7 湯気が上がった鍋に6をのせてふたをし（蒸し器の場合はふたをふきんで包む）、強火で8〜10分蒸す（p）。好みで練りがらし、しょうゆを添える。

Memo

材料の豚肩ロース薄切り肉に代えて、豚ひき肉で作っても。また、えびを使わずに豚肉のみ350gでも同様に作れる。

サンラータン

材料（4人分）
豚こま切れ肉…150g
A ｜ 塩…少々
　｜ しょうゆ、酒…各小さじ1
片栗粉…小さじ1
ごま油…大さじ½
まいたけ（細く裂く）…1パック分（100g）
ゆでたけのこ（p.36参照、または水煮
　／細切り）…½本分（100g）
◉水煮を使う場合は、切る前にさっとゆでる。
B ｜ 水…4カップ
　｜ 酒…大さじ1
塩…小さじ¼
しょうゆ…大さじ1
水溶き片栗粉…片栗粉大さじ1＋水大さじ1
溶き卵…1個分
にら（4㎝長さに切る）…½束分（50g）
酢（または黒酢）…大さじ3
ラー油、粗びき黒こしょう…各少々

1 豚肉は1㎝幅に切り、ボウルに入れてAを
　ふってもみ、片栗粉を加えてさらにもみ込む。
2 鍋にごま油をしいて強めの中火で熱し、1
　を加えて炒める（a）。ほぼ火が通ったら、
　まいたけ、たけのこを加えてさっと炒める
　（b）。
　◉鍋底に肉がこびりついたら、鍋をぬれぶきんの上
　　におき、肉をこそげ取ってから再び火にかける。
3 Bを加えて（c）ひと煮立ちさせ、アクを除く
　（d）。火を弱めて塩、しょうゆを加えて混
　ぜ、水溶き片栗粉をまわし入れて混ぜてと
　ろみをつける。
4 再び強めの中火にして溶き卵をまわし入れ、
にらを加えてさっと火を通し、火を止めて酢
を加えてひと混ぜする。
5 器に盛り、ラー油と黒こしょうをふる。

Memo
● 材料の豚肉はロースやもも、バラ肉の薄切りでも。バラ
　肉を使う場合は、片栗粉をまぶさなくてOK。
● 材料のまいたけに代えて、えのきたけやしいたけで作っ
　てもおいしい。

春キャベツの回鍋肉風
（ホイ コー ロー）

材料（2〜3人分）
ピーマン…2〜3個（約80g）
春キャベツ…3〜4枚（約200g）
にんにく…1かけ
豚バラ薄切り肉（4㎝長さに切る）…200g
A ｜ しょうゆ…小さじ1
　｜ 酒…小さじ1

B | みそ … 大さじ1½
　　● ここでは仙台みそを使用。赤みそなど好みのみそでOK。
　　はちみつ … 大さじ1
　　酒 … 大さじ1
　　こしょう … 少々
サラダ油 … 大さじ1½
豆板醤（トウバンジャン） … 小さじ1

1 ピーマンはヘタと種を取り、小さめのひと口大の乱切りにする。キャベツは芯の中心で縦半分に切り、重ねてひと口大に切る。にんにくは縦半分に切って芯を除き、横薄切りにする。
2 ボウルに豚肉、Aを入れてもみ込む。別のボウルにBを合わせて混ぜる。
3 フライパンにサラダ油大さじ1をしいて強火で熱し、1のピーマンをさっと炒める。キャベツを加えてしんなりするまで2分ほど炒め（a）、器に盛る。
4 3のフライパンにサラダ油大さじ½を足して強火で熱し、2の豚肉を入れて肉の色が変わるまで炒める。1のにんにく、豆板醤を加えてさっと炒め（b）、鍋肌から合わせたBを加えて（c）炒め合わせ、3の上にのせて（d）混ぜて食べる。

a

b

c

d

キャベツにオン！

トマトと卵の炒め物

材料（2〜3人分）
トマト（熟したもの） … 小2個（約250g）
サラダ油 … 小さじ1
長ねぎ（斜め薄切り） … ½本分（50g）
A | 塩 … 小さじ½
　　こしょう … 少々
　　顆粒鶏ガラスープの素 … 少々
水溶き片栗粉 … 片栗粉小さじ1＋水小さじ2
卵 … 2個
ごま油 … 大さじ1

1 トマトはヘタをくり抜き、熱湯に入れて皮が弾けたらすぐ氷水にとり、皮をむいて6等分のくし形に切る。
2 フライパンにサラダ油をしいて中火で熱し、長ねぎを加えてしんなりするまで3〜4分炒める。1を加えて強めの中火にし、トマトが半分の大きさに煮崩れるまで炒める。Aを加えて火を弱めて炒め合わせ、水溶き片栗粉を加えてとろみをつけ（a）、火を止める。
3 ボウルに卵を割り入れて溶きほぐし、2を加えて混ぜる。
4 2のフライパンをきれいにしてごま油をしき、強火で熱する。3を流し入れて（b）手早く混ぜ、半熟状に炒め合わせる。

a

b

沖縄料理で暑さをのりきる

- ゴーヤーチャンプルー
- ソーキ汁
- つるむらさきのピーナッツ酢みそ和え
- クレープアイス

味がしっかり決まるチャンプルー、豚肉と昆布が溶け合うソーキ汁、つるむらさきの使い方を広げるピーナッツ酢みそ和え。手軽に作れて栄養満点。おうちで沖縄気分を味わいながら、活力を養ってください。

ゴーヤーチャンプルー

材料（2人分）

ゴーヤー…縦½本（約150g）
塩…小さじ½
木綿豆腐…½丁（約170g）
ごま油…大さじ1
豚バラ薄切り肉（3㎝長さに切る）…100g
しょうが（みじん切り）…小さじ1
A┃しょうゆ…大さじ½
　┃塩…小さじ1/6
　┃こしょう…少々
溶き卵…1個分
花がつお（手で細かく砕く）…2g

1. ゴーヤーはスプーンで種とワタをそぎ取るように除き、横5㎜厚さに切る。ボウルに入れて塩を加えて混ぜ、10分おいて洗い、水けをふく。豆腐は手でひと口大にちぎり、二重にしたペーパータオルで包んで10分おき、水きりをする。
   ◉豆腐の水きりは重石をしなくてOK。
2. フライパンにごま油大さじ½をしいて強めの中火で熱し、1の豆腐を入れて木べらで粗く崩し、薄く色づくまで炒めていったん取り出す。
3. 2のフライパンにごま油大さじ½を足して強めの中火で熱し、豚肉を入れて肉の色が変わるまで炒める。1のゴーヤー、しょうがを加え、ゴーヤーが温まるまで1分ほど炒める。
4. 2を戻し入れ、Aを加えて炒め合わせる。溶き卵をまわし入れて花がつおを加え（a）、全体をさっと炒め合わせる（b）。
5. 器に盛り、花がつお適量（分量外）をのせる（c）。

Memo

- 豚肉は脂がついているものならバラ肉以外でもOK。また、豚肉を入れずに豆腐を100g分増やして作っても。

さっと炒めて香りを引き出す

1 スペアリブは洗って、あれば骨のかけらを除き水けをふき取る。冬瓜は縦半分に切って3〜4cm大に切り、ワタを切り落として(a)皮を薄くむく。
2 厚手の鍋に**1**のスペアリブ、Aを入れて強火にかける。ひと煮立ちさせてアクを取って弱火にし、花がつおをのせてふたをして30分煮る。
3 **1**の冬瓜、結び昆布を加えて(b)強めの中火にし、ひと煮立ちさせてふたをして弱火で30分煮る(c)。
4 Bを加えて味をととのえ、花がつお、しょうがを取り除く。
5 器に盛り、好みでしょうがを入れて食べる。

Memo

- 材料の冬瓜に代えて、大根で作っても。
- 結び昆布は普通の昆布で代用し、食べるときに食べやすく切って取り分けてもよい。

ソーキ汁

材料（4人分）

豚スペアリブ（短いもの）…500〜600g
冬瓜…500g
A │ 水…4カップ
　│ 酒…½カップ
　│ しょうが（皮つきのまま薄切りにする）
　│　…2枚
花がつお（お茶パックに入れる）…10g
結び昆布（市販）…12個
B │ しょうゆ…小さじ½
　│ 塩…小さじ1
しょうが（好みで／すりおろす）…適量

つるむらさきの
ピーナッツ
酢みそ和え

材料（2人分）
つるむらさき…1束（200g）
A ピーナッツバター（無糖）…大さじ1½
　西京みそ…大さじ1½
　砂糖…小さじ2
　しょうゆ…小さじ1
　酢…大さじ1

1 鍋にたっぷりの湯を沸かし、塩適量（分量外）を入れてつるむらさきをやわらかくゆでる。水にとって冷まし、水けを軽く絞って4cm長さに切り、再び水けをしっかり絞る。
2 ボウルにAを合わせて混ぜ、食べる直前に1を加えて和える。

Memo
● 材料のピーナッツバターに代えて、練りごまで作っても。

クレープ
アイス

材料（7～8本分）
アイスクリーム（ラムレーズン、または好みのもの）…3～4個（330～440㎖）

クレープ生地
　薄力粉…1カップ（100g）
　塩…少々
　溶き卵…1個分
　水…1カップ
サラダ油…適量

1 バット（約13×19cm）にオーブンシートを敷き、アイスクリームをあけてナイフなどで1cm厚さに広げる。ラップをかけて冷凍庫でしっかり冷やし固める。
2 クレープ生地を作る。ボウルに薄力粉をふるい入れ、塩、溶き卵、分量の水を加える。泡立て器で粉けがなくなるまで混ぜ、ざるでこす。
3 直径20cmのフライパンにサラダ油をペーパータオルで薄く塗り、弱火で熱する。2をお玉1杯弱流し入れて広げ、表面が乾いてまわりが少しはがれてきたら裏返してさっと焼く。取り出して平らなざるなどにのせて冷ます。同様に計7～8枚焼く。
4 1をバットから取り出してまな板の上にのせ（a）、長さを7～8等分して棒状に切る。
5 3をまな板の上に1枚広げ、真ん中に4をのせて（b）手前から巻く。残りも同様にする。

(a)

(b)

贅沢! 夏の3種盛りカレー

- チキンカレー
- シーフードカレー
- ダール
- サフランライス
- きゅうりと紫玉ねぎのサラダ
- マンゴーラッシー

暑い夏に食べたくなるスパイスカレーを、あめ色玉ねぎから作ります。ベーシックなチキンカレーとシーフードカレーに加え、豆をたっぷり使ったダールも。食後はマンゴーラッシーでクールダウン。

チキンカレー

材料（4〜5人分）
鶏もも肉…大2枚（600g）
A ｜ 塩…小さじ½
　｜ こしょう…少々
サラダ油…大さじ4
玉ねぎ（みじん切り）…3個分（600g）
しょうが（すりおろす）…小さじ2
にんにく（すりおろす）…小さじ2
カレー粉（a）…大さじ2
薄力粉…大さじ2
水…2½カップ
トマト（ざく切り）…大1個分（200g）
塩…小さじ1½
こしょう…少々
ガラムマサラ（b）…小さじ1

1. 鶏肉は水けをふき取り、厚みの半分くらいまで切り込みを入れ、包丁を寝かせて切り目から左右に刃を入れて身を開く。筋と脂肪を除き、ひと口大に切る。ボウルに入れてAを加えてもみ込む。
2. フライパンにサラダ油大さじ1をしいて強めの中火で熱し、1を皮目を下にして並べる。2〜3分こんがり焼いて裏返し、さっと焼いて油ごといったん取り出す。
3. 厚手の鍋にサラダ油大さじ3をしいて強めの中火で熱し、玉ねぎ、しょうが、にんにくを入れて、木べらで混ぜながらあめ色になるまで15分ほど炒める。途中、焦げついてきたところに水適量を足し、鍋底をこそげるようにしながら炒める（c〜f）。

● 水を足すときは蒸気に注意する。

→p.92へつづく

→ p.91のつづき

4 **3** に **2** を油ごと戻し入れ、カレー粉、薄力粉をふり入れてなじむまで強めの中火で炒める。分量の水、トマトを加えて混ぜ、ひと煮立ちさせてアクを取る。ふたをずらしてのせて弱火にし、ときどき混ぜながら15〜20分煮る。

5 塩、こしょうで味をととのえ、仕上げにガラムマサラを加えて混ぜる。

a

b

c

d

e

f

シーフードカレー

材料（4〜5人分）
えび（無頭、殻つき）…200g
帆立貝柱（大きいものは縦半分に切る）
　…200g
塩、こしょう…各少々
サラダ油…大さじ2½
白ワイン…大さじ1
玉ねぎ（みじん切り）…1個分（200g）
しょうが（すりおろす）…小さじ½
にんにく（すりおろす）…小さじ½
カレー粉…大さじ2
薄力粉…大さじ2
水…3カップ
トマト（ざく切り）…1個分（150g）
ローリエ…1枚
生クリーム（乳脂肪分35〜47％）…½カップ
A ｜ 塩…小さじ1
　｜ こしょう…少々
　｜ はちみつ…小さじ2

1 えびは洗って殻をむき、背に浅く切り目を入れて包丁で背ワタを除く。

2 バットに **1**、帆立を広げて並べ、塩、こしょうをふる。

3 フライパンにサラダ油大さじ1をしいて強火で熱し、**2** を入れてさっと炒める（a）。白ワインを加えてアルコールを飛ばし（b）、汁ごといったん取り出す。

4 **3** のフライパンをきれいにふき、サラダ油大さじ1½をしいて強めの中火で熱し、玉ねぎ、しょうが、にんにくを入れて、きつね色になるまで5〜6分炒める。途中、中火にして焦げないように炒める。

5 カレー粉、薄力粉をふり入れてなじむまで炒める。分量の水を数回に分けて加え、強火にしてそのつど溶きのばす（c）。トマト、ローリエを加えて混ぜ、ひと煮立ちさせてアクを取る（d）。弱火にして、ときどき混ぜながら15分ほど煮る。

6 生クリームを加えて **3** を汁ごと戻し入れ、ひと煮立ちさせてAを加えて味をととのえる。

ダール

材料（4〜5人分）
マスタードシード…小さじ½
クミンシード…小さじ½
赤唐辛子…2本
玉ねぎ（みじん切り）…½個分（100g）
しょうが（すりおろす）…小さじ1
にんにく（すりおろす）…小さじ1
サラダ油…大さじ3
水…5〜6カップ
トマト（ざく切り）…大½個分（100g）
赤レンズ豆（レッドレンティル／a）
　…1袋（200g）
ターメリック…小さじ1
A｜コリアンダーパウダー…大さじ1
　｜クミンパウダー…小さじ1
　｜塩…小さじ1⅓〜1½
パクチー（1cm幅に切る）…適量

1　鍋にサラダ油をしいて中火で熱し、マスタードシードを入れてふたをする（油はね防止）。パチパチと弾ける音がおさまったら、クミンシード、赤唐辛子を加え、香りが出るまで混ぜながら炒める（b）。玉ねぎ、しょうが、にんにくを加え、ところどころ薄いきつね色になるまでさらに炒める（c）。

2　分量の水、トマト、さっと洗ったレンズ豆を加えて混ぜ、強火にしてひと煮立ちさせてアクを取る（d）。ターメリックを加えて混ぜ、弱火でときどき混ぜながら30〜40分煮る（e）。
　●豆はアクが出やすいので、こまめにアクを取る。
　●最後水けが足りなければ、水適量を足す。

3　Aを加えて混ぜ、さっと煮る（f）。
4　器に盛り、パクチーをのせる。

> ホールスパイスは香りを出す

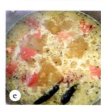

> ターメリック以外のパウダースパイスは仕上げに

サフランライス

材料（4〜5人分）
サフラン…小さじ⅓
水…360㎖
米（といでざるに上げ30分おく）…2合
塩…小さじ½
こしょう…少々
シナモンスティック…1本
ローリエ…1枚

1　ボウルにサフランと分量の水を入れ、20分おく（a）。
2　炊飯器の内釜に米、1を入れ、塩、こしょうを加えて混ぜる。シナモンスティック、ローリエをのせて（b）普通に炊く。
3　炊き上がったら（c）、全体をさっくりと混ぜる（d）。

> のせたら混ぜない

きゅうりと紫玉ねぎのサラダ

材料（4〜5人分）
きゅうり…2本
紫玉ねぎ…½個（約100g）
A｜レモン汁…大さじ1½
　｜一味唐辛子（またはレッドペッパー）…少々
　｜塩…小さじ½
　｜こしょう…少々

1　きゅうりはピーラーで縞目に皮をむき、5㎜厚さの小口切りにする（a上）。紫玉ねぎは薄切りにする（a下）。
2　ボウルに1を入れ、食べる直前にAを加えてよく和える（b）。

Memo
材料のきゅうりに代えて、大根のせん切りで作ってもおいしい。

> 玉ねぎは水にさらさない

マンゴーラッシー

材料（4〜5人分）
アップルマンゴー（熟したもの／a）
　…1個（450〜500g）
プレーンヨーグルト…1カップ（200g）
水…1½カップ
グラニュー糖…大さじ2
レモン汁…小さじ2

1. マンゴーは幅の狭い面を上にしておき、種の両側に包丁を入れて3つに切り分ける（b）。両側の果肉2枚に、皮まで切らないようさいの目に切り目を入れ（c）、皮側から押し上げて手で果肉をはずす（d・e）。種部分は皮をむき、果肉を包丁でそぎ取る。
2. ミキサーに1の果肉と残りの材料を入れ（f）、なめらかになるまで攪拌する。
   ● 好みで冷蔵庫で冷やしてもおいしい。

Memo
マンゴーの大きさにより、材料の分量を加減してOK。

気分が上がるエスニックなクロスと器

料理教室では食卓を楽しくする演出として、テーマに合う器やクロスを選んで料理を盛りつけます。

カレーのレッスンでは、スパイスカレーに合うエスニック風のコーディネートに。お皿は給食用の仕切りプレートとステンレスのカレー小皿、クロスはインドで出合った華やかなデザインのもの。器やクロスを変えるだけで、気分もグッと上がります。

参鶏湯（サムゲタン）で夏バテ予防

- 参鶏湯
- ケランマリ（韓国風卵焼き）
- なすのナムル
- ぜんまいのナムル
- きゅうりと青じそのナムル
- トマトのナムル

本来は丸鶏にもち米などを詰めて煮込む参鶏湯を、手羽元で簡単にアレンジ。ことこと煮込んだ滋味深いスープを夏バテ予防のためにいただきます。煮ている間に4種のナムルと卵焼きをさっと作ります。

参鶏湯

材料（4人分）
鶏手羽元…12本（約700g）
もち米…½カップ
A｜水…7カップ
　｜酒…大さじ3
　｜塩…小さじ1
にんにく（つぶす）…大2かけ分
しょうが（皮つきのままつぶす）…1かけ分
長ねぎ（3cm長さに切る）…1本分（100g）
昆布（5cm）…1枚
高麗（朝鮮）人参（あれば）
　…1本（乾燥約5g／生約12g）
● 乾燥の場合は、Aの分量の水に入れて冷蔵庫でひと晩つけてから使う。
なつめ（あれば）…4個
松の実…30g
B｜粗塩（または塩）…小さじ1
　｜こしょう…少々

1. 手羽元は水けをふき取り、骨に沿って切り込みを入れる。もち米はさっと洗って水けをきる。
2. 厚手の鍋に1の手羽元（a）、もち米を入れる（b）。Aを加えて混ぜ、にんにく、しょうが、長ねぎ、昆布、あれば高麗人参となつめ、松の実を加えて強火にかける（c）。ひと煮立ちさせてアクを取り（d）、ふたをして弱火にし、50〜60分煮る（e）。途中、2〜3回混ぜる。
3. 器に盛り、混ぜ合わせたBを添え、味を足しながら食べる。

Memo
クコの実、ぎんなん、天津甘栗を入れてもおいしい。

こまめに
アクを取る

2 直径24cmのフライパンにごま油をしいて強めの中火で熱し、1を流し入れる。菜箸で大きく混ぜながら半熟状にいり（b）、円形に形を整えて火を止める（c）。

3 フライ返しで、奥から手前に向かって5cm幅くらいで数回折り返し、棒状にする（d・e）。再び中火にかけて両面を軽く焼き（f）、長さを5〜6等分に切る。

ここで
火を止める！

ケランマリ
（韓国風卵焼き）

材料（作りやすい分量）
卵…3個
A ┃ 小ねぎ（小口切り）…3本分
　┃ 塩…ふたつまみ
　┃ 砂糖…ふたつまみ
　┃ 白すりごま…小さじ1
ごま油…小さじ2

1 ボウルに卵を割り入れ、Aを加えて（a）溶きほぐす。

なすのナムル

材料（4人分）
なす…3本（約250g）
A ｜ 長ねぎ（みじん切り）…大さじ2（15g）
　｜ にんにく（すりおろす）…少々
　｜ しょうゆ…大さじ1
　｜ 砂糖…小さじ½
　｜ 酢…大さじ½
　｜ ごま油…小さじ1
韓国粉唐辛子（中粗びき／あれば）…少々

1　なすはピーラーで縦に3カ所皮をむき、ヘタを切る。水にさっとくぐらせて直径19cmの耐熱皿にのせ、ラップをふんわりかけて電子レンジで4分加熱する（a）。粗熱をとって縦に10等分くらいに裂く（b）。
2　ボウルにAを合わせて混ぜ、1を加えて和えて（c）冷蔵庫で冷やす。
3　器に盛り、あれば粉唐辛子をふる。

縦に食べやすく裂く

ぜんまいのナムル

材料（4人分）
ぜんまい（水煮）…200g
ごま油…大さじ1
A ｜ 水…⅓カップ
　｜ 砂糖…小さじ2
　｜ しょうゆ…小さじ2
　｜ 塩…ふたつまみ
　｜ にんにく（すりおろす）…小さじ⅙
白すりごま…小さじ2

1　ぜんまいは熱湯に入れてさっとゆで（a）、ざるに上げて粗熱をとり（b）、4～5cm長さに切る。
2　フライパンにごま油をしいて強めの中火で熱し、1を加えて油がまわるまで炒める。Aを加えて汁けがなくなるまで炒め（c）、仕上げに白ごまを加えて（d）混ぜる。
3　火を止めて粗熱をとり、味をなじませる。

下ゆではマスト！

きゅうりと青じそのナムル

材料（4人分）
きゅうり…2本
青じそ（せん切り）…10枚分
ごま油…小さじ2
白いりごま…小さじ1

1 きゅうりは縦半分に切って斜め薄切りにする（a）。ボウルに塩水（水1.5ℓ＋塩小さじ1½が目安／分量外）を入れ、きゅうりを加えて10分つける（b）。
2 水けを絞って（c）ボウルに入れ、残りの材料を加えて菜箸で和える（d）。味をみて、塩けが足りなければ塩少々（分量外）を加えて味をととのえる。

トマトのナムル

材料（4人分）
トマト…2個（約300g）
A ┃ 塩…小さじ⅓
  ┃ 酢…小さじ1½
  ┃ ごま油…小さじ⅔

1 トマトはヘタをくり抜き、熱湯に入れて皮が弾けたら（a）すぐ氷水にとる。皮をむいて（b）3cm大に切る。
2 ボウルにAを合わせて混ぜ、1を加えて和える（c）。食べるまで冷蔵庫で冷やし、器に汁ごと盛る。

かに玉で
おうち町中華

- かに玉
- 冷やし中華
- レバにら炒め
- もち米シュウマイ

町中華で人気の主役級メニューを組み合わせた、ボリューム満点のスタミナ献立。ふわとろかに玉や、暑い日に無性に食べたくなる冷やし中華をおいしく作るコツ、レバーの下処理の仕方も紹介します。

かに玉

材料（3～4人分）
長ねぎ…½本（50g）
たけのこ（水煮）…⅛本（25g）
卵…3個
水…大さじ½
かに缶…小1缶（70g）
ごま油…適量
塩…ひとつまみ
こしょう…少々
A ｜ 水…¼カップ
　　ケチャップ、酒、酢…各大さじ1
　　薄口しょうゆ…大さじ½
　　砂糖…小さじ2
水溶き片栗粉
　…片栗粉小さじ1＋水小さじ1½

1 長ねぎは斜め薄切り、たけのこは熱湯にさっと通してざるに上げ、粗熱をとってせん切りにする。
2 ボウルに卵を割り入れ、分量の水、かに缶を汁ごと入れる（a）。
　●かにの身は大きければほぐす。
3 直径24cmのフライパンにごま油小さじ1をしいて強めの中火で熱し、1を加えてしんなりするまで炒め（b）、塩、こしょうをふって炒め合わせる。
4 2に3を加えて（c）溶き混ぜる（d）。
5 3のフライパンをきれいにしてごま油大さじ1½をしいて強めの中火で熱し、4を流し入れる。菜箸で大きく混ぜながらふんわりといり（e）、円形に形を整えて火を止める。
6 フライパンよりひと回り小さい皿をかぶせ（f）、火傷に気をつけてフライパンごとひっ

くり返して卵を移し、フライパンに卵をすべらせて戻し入れる（g）。弱火でさっと焼いて（h）器に盛る。
7 小鍋にAを合わせて混ぜ、強めの中火でひと煮立ちさせる。火を弱めて水溶き片栗粉をまわし入れ、混ぜながらとろみをつけて（i）6にかける（j）。

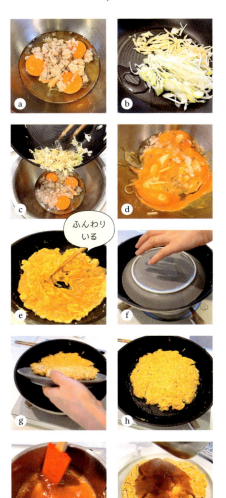

冷やし中華

材料（2〜3人分）

A ┃ しょうゆ、酢…各大さじ2
　┃ 砂糖…大さじ1½
　┃ 水…大さじ1
　┃ ごま油…小さじ1
卵…1個
塩…ひとつまみ
サラダ油…適量
もやし…½袋（100g）
中華生麺（平打ち）…2玉（約250g）
きゅうり（5㎜厚さの斜め切りにして
　縦細切りにする）…½本分
スライスハム（ロース／細切り）…5枚分（50g）
トマト（5㎜厚さの半月切り）…½個分（約80g）
練りがらし（好みで）…適量

1 ボウルにAを合わせて混ぜ、たれを作って冷蔵庫で冷やす。
2 別のボウルに卵を割り入れて塩を加え、溶きほぐす。
3 20×15㎝の卵焼き器全面にペーパータオルでサラダ油を薄く塗り、中火で温める。2を流し入れて広げ（a）、表面が乾いたら菜箸にひっかけて持ち上げ（b）、ひっくり返す。さっと焼いて平らなざるなどに取り出す（c）。粗熱をとり、縦3等分に切って重ね、細切りにする（d）。
4 鍋にたっぷりの湯を沸かし、もやしを入れてさっとゆで、ざるに上げて冷ます。
5 続けて4の鍋に中華麺をほぐして入れ、袋の表示どおりにゆでる。湯をきって流水で洗い（e）、氷水でしめてしっかり冷やす（f）。ざるに上げて手で麺を押して水けを

→p.102へつづく

→p.101のつづき

　しっかり絞り（g）、器に盛る。
6　きゅうり、ハム、トマト、3、4をのせ、1をかける（h）。好みで練りがらしを添える。

菜箸で持ち上げひっくり返す
ざるにとって冷ます
しっかり冷やす！

レバにら炒め

材料（2〜4人分）
にら…1束（100g）
玉ねぎ…½個（100g）
A｜酒…大さじ1
　｜オイスターソース…大さじ½
　｜しょうゆ…小さじ1
　｜塩、こしょう…各少々
豚レバー…150g
B｜酒、しょうゆ…各小さじ1
　｜しょうが（すりおろす）…小さじ1
片栗粉…小さじ2
ごま油…小さじ1
サラダ油…大さじ2

1　にらは5cm長さに切り、葉元と葉先に分ける。玉ねぎは縦5mm幅のくし形切りにする。ボウルにAを合わせて混ぜる。
2　レバーは1cm弱の厚さに切り、大きければ半分に切る。氷水に5分つけ（a）、バットにのせてペーパータオルで水けをしっかりふき取り（b）、あれば血のかたまりを取る。
3　ボウルにBを合わせて混ぜ、2に加えて手でもみ込み、室温に15分おく。片栗粉、ごま油を順に加え、そのつどもみ込む（c）。
4　フライパンにサラダ油大さじ1をしいて中火で熱し、3を並べ入れて両面合わせて2分ほど焼いて火を通し（d）、油をきっていったん取り出す。
5　4のフライパンをきれいにしてサラダ油大さじ1をしき、1の玉ねぎを入れて強火で1分炒める。にらの葉元を加えてさっと炒め（e）、4を戻し入れる。合わせたAを加えて炒め、にらの葉先を加えて炒め合わせる（f）。

1. もち米は洗い、たっぷりの水に2時間以上つけ、ざるに上げて30分おく。セイロ（または蒸し器）の鍋に湯を沸かす。
2. ボウルにひき肉、Aを入れて粘りが出るまで手で練り混ぜる。
3. 別のボウルに玉ねぎ、片栗粉を合わせて混ぜる。2に加えてなじむまで混ぜ（a）、12等分して丸める（b）。
4. 1のもち米をボウルに入れ、3を1個ずつ入れて転がしてまぶす（c）。
5. セイロ（または蒸し器）にオーブンシートを敷き、4を間隔をあけて並べる（d）。湯気が上がった鍋にのせてふたをし（蒸し器の場合はふたをふきんで包む）、強火で15分ほど蒸す。好みで練りがらし、しょうゆを添える。

Memo

材料のもち米に代えて、シュウマイの皮で作っても。その場合、p.84「シュウマイ」の3〜5と同様にたねを包む。

もち米シュウマイ

材料（3〜4人分）
もち米…1/2カップ
豚ひき肉…200g
A ┃ しょうゆ…小さじ1〜1 1/2
　 ┃ 酒…小さじ2
　 ┃ オイスターソース…小さじ2
　 ┃ ごま油…小さじ2
　 ┃ しょうが（すりおろす）…小さじ1
玉ねぎ（みじん切り）…1/4個分（50g）
片栗粉…大さじ1
練りがらし（好みで）、しょうゆ…各適量

a

b

c

d

4種の餃子づくし

- 焼き餃子
- えびの水餃子
- 揚げ餃子
- スープ餃子
- キャベツのラーパーツァイ
- きゅうりのしょうが和え

基本の焼き餃子から、水餃子、揚げ餃子、スープ餃子まで、みんなで包んで楽しむ餃子パーティーはいかがですか？ たねを変えるのはもちろん、それぞれに合う包み方も伝授します。

焼き餃子

材料（24個分）
キャベツ（みじん切り）…3〜4枚分（200g）
塩…小さじ½
豚ひき肉…200g
A ┃ しょうゆ、酒、水…各大さじ1
　┃ 片栗粉、ごま油…各大さじ1
　┃ 砂糖…小さじ1
　┃ こしょう…少々
　┃ にんにく（すりおろす）…小さじ1½
　┃ しょうが（すりおろす）…小さじ1½
餃子の皮…1袋（24枚）
サラダ油、ごま油…各大さじ1
酢、しょうゆ、ラー油（いずれも好みで）
　…各適量

1. ボウルにキャベツを入れて塩を加えて混ぜ、10分おく。厚手のペーパータオル（またはさらし）で包み、しっかり水けを絞る（a）。
2. 別のボウルにひき肉、Aを入れ、白っぽくなるまで手でしっかり練り混ぜる。1を加えてさらに混ぜる。
3. 餃子の皮に2を等分にのせ、皮の端に水をつけてひだを4〜5カ所寄せながら包み、底が平らになるように形を整える（b）。
4. 直径28cmのフライパンにサラダ油をしいて、3の底に油をつけながら放射状に並べる。強めの中火にかけ、餃子の底面がきつね色になるまで焼く（c）。湯¾カップをフライパンのふちから注ぎ、ふたをして水分が少なくなるまで蒸し焼きにする。
5. ふたを取って中火にし、ごま油をまわし入れ、水分を飛ばしながらこんがり焼く。ペーパータオルでフライパンの油を軽く吸い取り、

ひとまわり小さい皿をかぶせ（d）、フライパンごとひっくり返して餃子を皿に取り出す。好みで酢、しょうゆ、ラー油を添える。

● 半量ずつ焼く場合は、フライパンにサラダ油大さじ½を入れ、餃子を並べて同様に焼き、湯⅓カップを注いでふたをして蒸し焼きにする。5でまわし入れるごま油は大さじ½に。

a

b

c

d

皿をかぶせて
ひっくり返す

えびの水餃子

材料（24個分）
えび（無頭、殻つき）…300g（正味約260g）
塩…少々
片栗粉…大さじ1
水…大さじ1
A ┃ 塩…小さじ½
　　こしょう…少々
　　ごま油、片栗粉…各大さじ1½
　　しょうが（すりおろす）…小さじ1
餃子の皮…1袋（24枚）

パクチー（3〜4cm長さに切る）…適量
黒酢（好みで）…適量

1 えびは洗って殻をむき、背に浅く切り目を入れて包丁で背ワタを除く。ボウルに入れて塩、片栗粉、分量の水を加えて手でもみ込み、水洗いする。ペーパータオルで水けをしっかりふき取り（a）、1cm幅に切る（b）。

2 ボウルに 1 を入れ、Aを加えて混ぜる。

3 餃子の皮に 2 を等分にのせ、皮の端に水をつけてひだを3カ所寄せながら包む（c）。

4 鍋にたっぷりの湯を沸かし、3 の半量を入れて2〜3分ゆでて火を通す（d）。氷水にとって冷やし、水けをきって器に盛る。残りも同様にする。パクチーをのせ、好みで黒酢を添える。

a

b

c

d

揚げ餃子

材料（20個分）
A ┃ トマト（1cmの角切り）…小1個分（約100g）
　┃ ケチャップ…大さじ4
　┃ 酢…小さじ2
　┃ タバスコ…小さじ⅓
アボカド…2個（約400g）
スライスベーコン（横5mm幅に切る）
　…6枚分（約60g）
ピザ用チーズ…60g
餃子の皮（大判）…20枚
水溶き薄力粉
　…薄力粉大さじ1½＋水大さじ1〜
揚げ油…適量

1 ボウルにAを合わせて混ぜ、たれを作って冷蔵庫で冷やす。
2 アボカドは縦に1周切り目を入れ、種と皮を除く（a）。ボウルに入れてつぶし、ベーコン、チーズを加えて混ぜる。
3 餃子の皮に2を等分にのせ、皮の端に水溶き薄力粉を塗り（b）、半分に折りたたんで端から空気を抜きながら留める（c）。
4 直径26〜28cmのフライパンに2cm深さに揚げ油を入れ、180℃に熱する。3の⅓量を入れ、途中返しながら、こんがりとするまで3分ほど揚げる（d）。残りも同様に揚げ、器に盛って1を添える。

スープ餃子

材料（4〜5人分）
鶏もも肉…1枚（約200g）
A ┃ 鶏ひき肉…200g
　┃ 酒、しょうゆ、ごま油…各小さじ1½
　┃ 塩、こしょう…各少々
長ねぎ（みじん切り）…½本分（50g）
餃子の皮…1袋（24枚）
水…6カップ
酒…大さじ1
B ┃ しょうゆ…小さじ2
　┃ 塩…小さじ⅔
　┃ こしょう…少々
にら（4〜5cm長さに切る）…½束分（50g）
ごま油…小さじ½

1 鶏肉は水けをふき取り、厚みの半分くらいまで切り込みを入れ、包丁を寝かせて切り目から左右に刃を入れて身を開く。筋と脂肪を除き、3cm大に切る。
2 ボウルにAを入れて粘りが出るまで手で混ぜ、長ねぎを加えて混ぜる。
3 餃子の皮に2を等分にのせ、皮の端に水をつけ、半分に折りたたんで端から空気を抜きながら留める（a）。さらに半円形の両

端に水をつけ、端と端を合わせてくっつける（b）。
4 鍋に分量の水、酒を入れ、強火で煮立てる。1を加えて中火で5分ほど煮る。3を加えて再び強火にし、ひと煮立ちさせて中火にして3分ほど煮る（アクが出るようなら取る）。
5 Bを加えて調味し、仕上げににらを加えてさっと煮て、ごま油をまわし入れる。

3 フライパンにBを入れて中火にかけ、煙が出たら2に加えて混ぜる（a）。
4 落としラップをし、ひとまわり小さい皿2枚を重石代わりにのせ、冷蔵庫で1時間以上冷やす。

熱々をキャベツにかける

キャベツのラーパーツァイ

材料（4〜5人分）
キャベツ（ひと口大に切る）…250g
塩…小さじ⅓
A｜酢…大さじ2
　｜砂糖…大さじ1½
B｜ごま油…大さじ1½
　｜赤唐辛子…1本
　｜花椒（ホワジャオ）…小さじ½

1 耐熱ボウルにキャベツを入れ、塩を加えて全体を混ぜる。
2 小鍋にAを入れ、強めの中火にかけて砂糖を溶かす。熱いうちに1にかけて混ぜる。

きゅうりのしょうが和え

材料（4〜5人分）
きゅうり…2本（約200g）
塩…小さじ½
しょうが（せん切り）…1かけ分（10g）
ごま油…小さじ1
白いりごま…小さじ1

1 きゅうりは縦半分に切り、スプーンで種を除き、長さを8等分に切る。ボウルに入れて塩を加えて混ぜ（a）、10分おいて水けをふく。しょうが、ごま油、白ごまを加えて和える。
2 ラップをかけ、冷蔵庫で1時間以上冷やす。

チャーシューまん&肉まんに挑戦!

- チャーシューまん
- 肉まん
- 鶏ガラスープのとり方
- 中華風コーンスープ
- セロリの浅漬け
- 生落花生の塩ゆで
- にんじんザーサイ和え

ふかふかの皮の中に角切りの豚肉がゴロゴロ。手作りだからこそ味わえる基本のチャーシューまんを作ります。鶏ガラからとるスープも時間がかかるので、副菜3品は簡単に仕上がるレシピにしています。

チャーシューまん

材料（8個分）

生地
- 水…100g
- A｜薄力粉…120g
　　強力粉…80g
- 塩…小さじ⅙
- ドライイースト…小さじ1
- 砂糖、サラダ油…各大さじ1

打ち粉（強力粉）…適量

あん
- 豚肩ロース肉（とんかつ用）…2枚（200g）
- B｜しょうゆ、酒…各大さじ½
　　砂糖…大さじ1
- C｜水…大さじ3
　　砂糖、しょうゆ…各大さじ½
　　甜麺醤（テンメンジャン）…大さじ½
　　オイスターソース…小さじ1
　　五香粉（ウーシャンフェン）…小さじ⅙
　　にんにく（すりおろす）…少々
- ごま油…大さじ½
- 長ねぎ（粗みじん切り）…⅓本分（70g）
- 水溶き片栗粉
　　…片栗粉小さじ1½＋水小さじ3

下準備

- オーブンシートを8〜9cm四方に8枚カットする。

1　生地を作る。直径10cmの耐熱ボウルに分量の水を入れ、ラップをかけずに電子レンジで20秒加熱して水温を約40℃にする。

2　大きめのボウルにA、塩を入れて菜箸で混ぜ、粉の上にイースト、砂糖を少し離しての

せる（a）。**1**の湯をイーストにかけるように加え、菜箸で全体を混ぜる（b）。粉が水分を吸ったらサラダ油を加えて混ぜ、手で軽くこねてまとめる（c）。

3 打ち粉をした台に**2**を取り出し（d）、なめらかになるまで10分ほどこねて丸める。閉じ目を下にしてボウルに戻し（e）、ラップをかける。室内の温かいところに1時間ほどおき、2倍ほどの大きさになるまで発酵させる（f）。

> 2倍に膨らむまで！

4 あんを作る。豚肉は筋切りしてバットに入れて**B**を順にふって手でもみ込み、室温に30分おく（g）。ボウルに**C**を合わせて混ぜる。

5 魚焼きグリル（予熱なし）に、**4**の豚肉の汁けをきって並べる。両面を強火で8分ほど焼き、取り出して粗熱をとって1cm角に切る（h・i）。

6 フライパンにごま油をしいて強めの中火で熱し、長ねぎを入れてしんなりするまで木べらで炒め（j）、**5**、合わせた**C**を加える。煮立ったら火を弱め、水溶き片栗粉を少しずつ加えてそのつど混ぜながらとろみをつける（k）。バットに取り出して（l）粗熱を取り、8等分する。

> 様子を見ながらとろみをつける

7 あんを包む。打ち粉をふった台に**3**の生地をそっと取り出し、手で転がして30cm長さの棒状にする（m）。カードで8分割して（n）切り口を上にして円筒状に整える。手の平でつぶし（o）、麺棒で直径10cmの円形にのばす（p）。

◉中央は少し厚めに、縁は薄くする（q）。

8 **7**の真ん中に**6**を等分にこんもりのせる（r）。手の平に生地をのせて親指であんを押し込みながら、反対の手で生地の縁をつまんで手前にひだを寄せて包む（s・t・u）。最後に閉じ口をひねってしっかり閉じ（v）、閉じ目を上にして準備したオーブンシートにのせる。

→p.110へつづく

→p.109のつづき

● 簡単な包み方
生地を台に広げてあんをのせ、左右の生地をひっぱり上げてあんの上でつまむ。次に上下の生地も同様にしてつまみ、閉じ口を1つにまとめてひねり、しっかり閉じる。

9 発酵させる。8 をセイロ（または蒸し器）に間隔をあけて並べ、ふたをして30分おく。

10 湯を沸かした鍋（またはフライパン）に 9 をのせてふたをし（蒸し器の場合はふたをふきんで包む）、強火で15分蒸す。

Memo

- 生地の材料Aを薄力粉200gに代えてもOK。
- あんの豚肩ロース肉（とんかつ用）の代わりに、市販のチャーシューを1cm角に切り、6 で加えてあんを作っても。

肉まん

材料（8個分）
生地
　チャーシューまん（p.108参照）の
　　生地の材料…全量
打ち粉（強力粉）…適量
あん
　たけのこ（水煮）…小½個（50g）
　干ししいたけ…3〜4枚（10g）
　豚ひき肉（粗びき／a）…200g
　A│塩…少々
　　│酒、しょうゆ…各大さじ1
　　│砂糖、オイスターソース…各大さじ½
　　│しょうが（すりおろす）…大さじ½
　　│片栗粉、ごま油…各大さじ1
　玉ねぎ（みじん切り）…¼個分（50g）

下準備

- しいたけはさっと洗ってポリ袋に入れ、水適量を加えて袋の口を結び、ボウルに入れて冷蔵庫にひと晩おく。
- オーブンシートを8〜9cm四方に8枚カットする。

1. 生地を作る。p.108「チャーシューまん」の 1 〜 3 と同様にする。
2. あんを作る。たけのこは熱湯にさっと通してざるに上げ、粗熱をとって1cm角に切る。戻したしいたけは水けを絞り、石づきを除いて軸と傘に分けて1cm大に切る。
3. ボウルにひき肉、A を入れて菜箸でぐるぐると混ぜる（b）。全体がなじんだら（c）、2 と玉ねぎを加えて同様に混ぜる（d）。
4. p.109「チャーシューまん」の 7 〜 10 と同様にして、1 の真ん中に 3 を等分にのせて（e）あんを包んで発酵させ、セイロ（または蒸し器）で蒸す（f）。

粗びきがおいしい！

蒸し器のお話

セイロ＋鍋

蒸し器＋鍋

セイロ＋蒸し板＋フライパン

蒸し器は、直径18cmと30cmの中華セイロと直径24cmのステンレス製の蒸し器を使い分けています。小さい中華セイロは野菜や肉まんを人数分入れて2段重ねで蒸し、そのまま食卓に並べます。大きいセイロはシュウマイや肉まんを一度にたくさん蒸せて便利。ステンレス製の蒸し器は深さがあり、茶碗蒸しなど高さのある器を使う料理におすすめです。湯を沸かす鍋はフライパンや手持ちの鍋で代用可能。蒸し板をセットしてその上にセイロをおけば、普通に蒸せます。

手作り肉まんはおいしいよ！

鶏ガラスープ のとり方

材料（出来上がり約900mℓ分）
水…2ℓ
鶏ガラ（流水で洗い水けをきる）
　…2羽分（550〜600g）
長ねぎの青い部分…3本分
干しえび…大さじ2
しょうが（皮つきのままつぶす）…1かけ分
にんにく（つぶす）…1かけ分
にんじんの皮…1〜2本分
セロリ（葉と茎に分ける）…2本分
● 茎はp.113「セロリの浅漬け」で使用。
黒粒こしょう…小さじ¼

鍋にセロリの茎を除くすべての材料を入れ、強火にかける。煮立ったらアクを取り（a）、弱火で90分煮て（途中、アクが出たらそのつど取る）火を止め、ボウルに重ねざるにあけてガラとスープに分ける。
● スープは清潔な容器に入れて冷蔵で2日、冷凍で1カ月ほど保存可能。

Memo

残ったガラはまわりの身をほぐし取り（b）、干しえびとともにチャーハンや炒め物、汁物、和え物などの具材にするとよい。

ガラはほかの料理に利用

中華風 コーンスープ

材料（6〜7人分）
コーンクリーム缶（食塩、砂糖不使用）
　…1缶（180g）
鶏ガラスープ（左段参照）…全量（約900mℓ）
塩…小さじ1
水溶き片栗粉…片栗粉大さじ1＋水大さじ1
溶き卵…2個分
パクチー（1〜2cm長さに切る）…適量

1. 鍋にコーンクリーム缶を入れ（a）、鶏ガラスープを加えて強火で煮立てる。塩を加えて味をととのえ、弱火にして水溶き片栗粉を加えてとろみをつける。
2. 強めの中火にして煮立ったら溶き卵をまわし入れ、ふんわり火を通す（b）。器に盛り、パクチーをのせる。

セロリの浅漬け

材料（6〜7人分）
セロリの茎（p.112「鶏ガラスープのとり方」で葉と分けたもの）…2本分（200g）
いかのくんせい（またはさきいか）…30g
塩…小さじ¼
オリーブ油、酢、白いりごま…各小さじ2

1. セロリの茎は筋を取って斜め薄切り、いかのくんせいはざく切りにする。
2. ポリ袋に1と残りの材料を入れ（a）、袋の上から手で軽くもんで混ぜる。袋の口を結んで（b）ボウルに入れ、冷蔵庫に30分以上おいて味をなじませる。

生落花生の塩ゆで

材料（作りやすい分量）
水…1.5ℓ
粗塩…45g（水の分量の3％）
生落花生…1袋（300g）

1. 鍋に分量の水を入れて強火で沸かす。粗塩、落花生を入れて（a）落としぶたとふたをし、弱火で40〜50分、落花生がやわらかくなるまでゆでる。
2. 火を止めてそのまま10分おき、ざるに上げて湯をきる。

にんじんザーサイ和え

材料（6〜7人分）
にんじん…大1本（200g）
塩…小さじ⅙
A｜味つきザーサイ（細切り）…40g
　｜塩…少々
　｜ごま油、白いりごま…各小さじ2

1. にんじんはスライサーで細切りにし（a）、ボウルに入れて塩を加えて混ぜ、10分おく（b）。
2. 1の水けを絞り、Aを加えて和える。味をみて塩けが足りなければ塩少々（分量外）を加えて味をととのえる。

体の芯から温まる スンドゥブ定食

- スンドゥブチゲ
- 手作り韓国のり
- 水キムチ
- エゴマの葉のキムチ
- 煮干しとししとう、ピーナッツの炒め煮

うまみたっぷりのあさりのだしで作る本格的なスンドゥブチゲを主役に、箸休めになるキムチ2種と炒め物、そして手作り韓国のりにも挑戦。水キムチはひと晩漬けるだけの手軽さで、仕込みもラクです。

スンドゥブチゲ

材料（4人分）
あさり（砂出しする／p.115カコミ参照）…200g
酒…⅓カップ
ごま油…大さじ2
豚バラ薄切り肉（4cm長さに切る）…150g
水…1½カップ
A ┃ にんにく（すりおろす）…小さじ¼
 ┃ コチュジャン…大さじ2
 ┃ ●コチュジャンの甘さにより、好みで
 ┃ 　砂糖小さじ½程度を加えてもよい。
 ┃ みそ…大さじ1
 ┃ 韓国粉唐辛子（中粗びき）…大さじ1
 ┃ しょうゆ、白すりごま…各大さじ1
絹豆腐…2丁（600g）
卵…4個
小ねぎ（1cm幅に切る）…4本分

1. 鍋にあさり、酒を入れてふたをし、強火にかける。あさりの口が開いたらボウルに重ねざるにあけ、あさりと蒸し汁に分ける（a・b）。
2. 土鍋にごま油、豚肉を入れて混ぜ、強火で肉の色が半分ほど変わるまで炒める。分量の水、1のあさりの蒸し汁を加え（c）、煮立ったらアクを取る。
3. ボウルにA、2の煮汁適量を入れて溶き混ぜ、2の鍋に戻し入れる（d）。豆腐を手でひと口大に割りながら加え（e）、ひと煮立ちさせる。1のあさりを加え、卵を割り入れて（f）ふたをし、弱めの中火で黄身がほどよく固まるまで4〜5分煮る（g）。
4. 小ねぎを散らし（h）、器に取り分ける。

Memo

材料のあさりをかき、豚肉を牛こま切れ肉に代えて作ってもおいしい。

卵が生っぽくならないよう注意

あさりの砂出しの仕方

砂出し済みのあさりでも、再度砂出しすることをおすすめします。

バットにあさりを広げ、海水程度の濃度（3％）の塩水（水1カップ＋塩小さじ1目安）を、あさりの頭が少し出るくらいまで注ぐ。アルミ箔や新聞紙をかぶせ、冷暗所に1時間おく。あさりをボウルに入れ、流水で殻をすり合わせて洗い、水けをきる。

手作り韓国のり

材料（4人分）
焼きのり（全形）…4枚
ごま油…大さじ1
塩…適量

1　のりの片面にごま油を刷毛でさっと塗り（a）、のり1枚につき塩をひとつまみほど高いところからふる。
2　1の両面を、直火でさっと3往復程度あぶる（b）。
3　2を手で8等分に折って分ける。あれば乾燥剤を入れた保存袋に入れ、食べるまでおく。

両面をあぶる！

水キムチ

重石をして
ひと晩！

材料（4人分）
白菜…250g
大根（皮をむく）…100g
にんじん（皮をむく）…50g
粗塩…小さじ1½〜2
A ｜ ホエー（右段参照）…1カップ
　｜ ● 足りなければミネラルウオーターを足す。
　｜ にんにく（薄切り）…3枚
　｜ しょうが（薄切り）…2〜3枚
　｜ 赤唐辛子（種を除く）…小1本
梨（縦半分に切って皮をむき、横5mm厚さに切る）
　…½個分（100g）

1　白菜は小さめのひと口大に切る。大根とにんじんはそれぞれ2〜3mm厚さの輪切りにし、好みの抜き型で抜く（a）。
　● 型で抜いた残りは刻んでスープの具などに使うとよい。または、型で抜かずいちょう切りや半月切りにしても。
2　ボウルに 1、粗塩を入れて混ぜ、室温に20分おく。
3　A、梨を加えて混ぜ合わせ、落としラップをして1kgの重石（皿やボウルなど）をのせる（b）。冷蔵庫にひと晩おいて漬ける。
　● 清潔な保存容器に入れ、冷蔵で約2週間保存可能。

Memo
材料の梨に代えてりんごを使ったり、野菜の総量が同じになるようにして一部をきゅうりに代えても。

ホエーのとり方
（プレーンヨーグルトの水きり）

ざるに厚手のペーパータオルを敷いてひと回り小さいボウルにのせ、プレーンヨーグルト450gを入れる。ラップをかけて冷蔵庫にひと晩おき、しっかり水きりする。ボウルに出た水分がホエー。

● 水きりヨーグルトは、ジャムをのせて食べたり、シチューに入れても。

エゴマの葉のキムチ

材料（作りやすい分量）
A ｜ しょうゆ…大さじ2⅓
　｜ 砂糖…大さじ½
　｜ 水、ごま油…各大さじ1
　｜ 韓国粉唐辛子（中粗びき）…大さじ1
　｜ にんにく（すりおろす）…小さじ⅓
　｜ 白いりごま…大さじ½
エゴマの葉（軸を切る／a）…20枚

1　ボウルに A を合わせて混ぜる（b）。
2　保存容器にエゴマの葉を1枚入れ、1を上

に小さじ1くらいのせてざっと塗り広げ、エゴマの葉1枚を重ねる。これをくり返し、最後の葉の上にも**1**を塗り広げる。
3 ラップをかけて軽い重石（皿やボウルなど）をのせ、冷蔵庫に2時間以上おく。
◉ふたをして冷蔵で10日ほど保存可能。

煮干しとししとう、ピーナッツの炒め煮

材料（4人分）
ピーナッツ（無塩）…30g
にんにく（芯を除いて横薄切り）…½かけ分
赤唐辛子（種ごと）…½本
ごま油…大さじ1
煮干し（頭を除き骨に沿って半分に裂き、
　腹ワタを除く／a）…50g（下処理前）
A｜酒…大さじ2
　｜水…¾カップ
ししとうがらし（ヘタを取り、爪で穴をあける）
　…15本
しょうゆ、砂糖…各大さじ1
白いりごま…小さじ2

1 フライパンにピーナッツを入れ、ところどころ茶色くなるまで中火で3〜4分からいりして（b）取り出す。
2 **1**のフライパンをきれいにして、ごま油、にんにく、赤唐辛子を入れて中火で炒める（c）。香りが出たら煮干しを加え、油がまわるまで炒める。
3 Aを加えて（d）ふつふつとしてきたら（e）ふたをし、ごく弱火で煮干しがやわらかくなり、煮汁が少し残るくらいまで15分ほど煮る。
◉途中煮汁が足りなくなったら、水適量を足して加熱する。
4 ししとう、しょうゆ、砂糖を加え、強めの中火で汁けがなくなるまで炒め合わせ（f）、**1**、白ごまを加えて混ぜる。

Memo
材料のししとうがらしに代えて、細切りにしたピーマンで作っても。

はじめての
韓国のり巻きキンパ

- キンパ
- ヤンニョムチキン
- 大根のピクルス
- 大根と牛肉のスープ

ナムル、卵焼き、スパムなど彩り豊かな7種の具材を巻くキンパは、節分の恵方巻き代わりにもおすすめです。ヤンニョムチキンには大根のピクルスは欠かせない一品。スープも韓国の家庭の味です。

キンパ

材料（4本分）
にんじんナムル
- にんじん（スライサーで細切り）
  … ½本分（70g）
- ごま油…小さじ1
- 塩…2つまみ
- 砂糖…小さじ⅙
- 白すりごま…小さじ1

ほうれん草ナムル
- ほうれん草…½袋（100g）
- A | しょうゆ、ごま油…各小さじ1

卵焼き
- 卵…3個
- B | 水、砂糖…各大さじ1
  | しょうゆ…小さじ1
- ごま油…適量

ほかの具材
- たくあん（約12×1cm角の棒状に切ったもの）
  …6本
- スパム（約9×1cm角の棒状に切ったもの）
  …8本
- ごま油…小さじ2
- エゴマの葉（軸を切る）…8枚
- かにかまぼこ…8本（約60g）
- 温かいごはん…600g
- C | 塩…小さじ⅔
  | ごま油…小さじ2
- 焼きのり（全形）…4枚

1 にんじんナムルを作る。フライパンにごま油をしいて中火で熱し、にんじんを入れてしんなりするまで炒める。塩、砂糖を加えて炒め合わせ（a）、白ごまを加えて混ぜて取り

2章　中・韓・アジア　冬　はじめての韓国のり巻きキンパ

出し、4等分する。
2　ほうれん草ナムルを作る。ほうれん草は根元を落として株元に十字の切り込みを入れる。鍋に湯を沸かして塩少々（分量外）を加え、ほうれん草を株元から入れてやわらかくゆでる。水にとって冷まし、水けを絞る。ボウルにAを合わせて混ぜ、ほうれん草を加えて和え、ひと株ずつのばして（b）4等分する。
3　卵焼きを作る。ボウルに卵を割り入れ、Bを加えて溶きほぐし、小さいボウルなどに4等分に分ける。
4　20×15cmの卵焼き器にごま油をペーパータオルで薄く塗り、中火で熱する。3の卵液のうち1つを流し入れ、卵焼き器を傾けながら広げ、卵液が流れなくなったら火を止める。卵焼き器の長い辺を生かして、菜箸やへらで1cm幅に折りながら棒状に巻いて（c）取り出す。同様に計4本作る。
● 縦長タイプの卵焼き器の場合、横長の向きにおき直して、奥から手前に向かって巻くとやりやすい。
5　ほかの具材を準備する。たくあんは6本のうち2本は長さを半分に切る（d）。スパムはフライパンにごま油小さじ2をしいて中火で熱して並べ入れ、全体がこんがりするまで焼いて（e）取り出す。
6　ボウルにごはんを入れてCを加え、しゃもじで切り混ぜて4等分する。
7　24×30cmの巻きすにのりを1枚、ツルツルの面を下にして縦長におき、6を¼量のせて手前を約1cm、奥を約4cmあけて広げる（f）。
8　真ん中にエゴマの葉2枚を横向きにして並べ、手前からたくあん1本半、にんじんナムル、ほうれん草ナムル各¼量、かにかまぼこ2本を粗く裂いてのせる（g）。上に手前からスパム2本、卵焼き1本をのせる（h）。手前から巻きすを持ち上げて具をおさえながら（i）しっかり巻いて巻きすをはずす（j）。残りも同様にして計4本作る。

● 具材は細かいものを下に、大きいものを上にのせる。横からはみ出してもOK。
9　食べやすく切る（または恵方巻きで食べるなら丸ごとかぶりつく）。

※写真a・b・d・eの材料は、キンパ8本分（倍量）の分量になります。

ヤンニョムチキン

材料（4人分）
鶏もも肉…2枚（約600g）
A | 酒…大さじ1
　| しょうゆ…大さじ½
B | コチュジャン、砂糖、酢、ケチャップ
　|　…各大さじ1½
　| しょうゆ…大さじ½
　| にんにく（すりおろす）…小さじ¼
　| しょうが（すりおろす）…小さじ¼
アーモンドスライス…10g
揚げ油…適量
溶き卵…1個分
薄力粉…大さじ4

1 鶏肉は水けをふき取り、厚みの半分くらいまで切り込みを入れ、包丁を寝かせて切り目から左右に刃を入れて身を開く。筋と脂肪を除き、ひと口大に切る。ボウルに入れてAを加え、手でもみ込んで（a）室温に15分おく。
2 別のボウルにBを合わせて混ぜる。
3 直径26〜28cmのフライパンにアーモンドスライスを入れて弱火にかけ、きつね色になるまでからいりして取り出す（b）。
4 揚げ鍋に揚げ油を入れて180℃に熱する。1に溶き卵、薄力粉を順に加えてそのつどもみ込み（c）、半量を1切れずつ皮目を下にして油に入れる。4〜5分こんがりと揚げて取り出し、油をきる。残りも同様に揚げる。
5 3のフライパンをきれいにして2を入れ、強めの中火にかけてひと煮立ちさせる（d）。4を入れ（e）、たれがからむまで炒め合わせる（f）。器に盛り、3をちらす。

大根のピクルス

材料（4人分）
大根…300g
A | 酢…⅓カップ
　| 水…¾カップ
　| 塩…小さじ⅔
　| 砂糖…大さじ2

1 大根は厚めに皮をむいて1.5cmの角切りにし、耐熱ボウルに入れる（a）。
2 鍋にAを合わせて混ぜ、強めの中火にかける。煮立ったら火を止め、1に注ぎ入れる。粗熱をとり、落としラップをして（b）冷蔵庫で2時間以上冷やす。

2章　中・韓・アジア　冬　はじめての韓国のり巻きキンパ

ラップを
ぴったり
かぶせて

3　だし、酒を加えてひと煮立ちさせてアクを取り（e・f）、ふたをしてごく弱火で10〜15分、大根がやわらかくなるまで煮る。Bを加えて味をととのえる。

煮干し
昆布だし

大根と牛肉のスープ

材料（4人分）
牛切り落とし肉…200g
◉ 大きければ食べやすく切る。
A｜ しょうゆ…小さじ2
　　酒…小さじ2
　　にんにく（すりおろす）…小さじ¼
ごま油…小さじ2
大根（厚めに皮をむき、2〜3mm厚さの
　いちょう切りにする）…300g
煮干し昆布だし（p.42参照／a）…4カップ
酒…大さじ1
B｜ しょうゆ…小さじ2
　　塩…小さじ⅓
　　こしょう…少々
　　ごま油…小さじ1

1　ボウルに牛肉を入れ、Aを加えて手でもみ込み、ごま油を加えてさらにもみ込む。
2　鍋を強めの中火で熱し、1を入れて炒める（b）。肉の色が半分変わったら（c）大根を加えて炒める（d）。

Column

中・韓・アジアの愛用調味料

スーパーやネット通販で手に入りやすい
定番調味料とスパイスを紹介。

黒酢 コクがあり酸味はおだやか。料理が色よく仕上がる。臨醐山黒酢（内堀醸造）／ **オイスターソース** 中華のうまみ調味料の定番。オイスターソース（李錦記）／ **ナンプラー** 少量加えるだけでエスニックな味に。ナンプラー（バランス）／ **ごま油** 基本のごま油。ヤマシチ純正胡麻油（九鬼産業）

花椒（ホワジャオ） 舌がしびれる独特の辛み。麻婆豆腐（マーボー）や中華風和え物などに。花椒原形（朝岡スパイス）／ **甜麺醤（テンメンジャン）** まろやかな甘みの中華甘みそ。甜麺醤（ユウキ食品）／ **豆板醤（トウバンジャン）** 中華料理の辛み調味料の定番。数種類の唐辛子をブレンドし、辛みの中にうまみを含む。四川豆板醤（ユウキ食品）／ **韓国粉唐辛子** キムチなどの韓国料理の辛みに。私は中粗びきを使用。

カレースパイス 本格的なスパイスカレーにおすすめ。コリアンダー、クミン（ホール）、レッドペッパー、ガラムマサラ、クミン（パウダー）（すべて朝岡スパイス）／ **カレー粉** 15種類の香辛料を焙煎、ブレンドしたカレーパウダー。カレーはもちろん、カレー風味に仕上げたい料理にも。インデアン 純カレー（インデアン食品）

3章

洋食の献立

かにクリームコロッケやオムライス、ビーフシチュー。
子どもも大人も大好きな王道の味をじっくり作ります。
彩りも豊かでおもてなしにもピッタリ。
お店のような味を再現できる、おうち洋食の決定版です。

心躍る
フルーツサンド

- フルーツサンドイッチ
- チョコバナナサンドイッチ
- キャベツとオリーブのブレゼ
- にんじんとじゃがいもの ポタージュ
- そら豆とアスパラガスの フリッタータ

食べごろのいちごにパイナップル、バナナを使って華やかなフルーツサンドを作ります。ホイップを作ってはさむだけなのでとっても簡単。断面を見ると心が躍ります。春野菜を使った副菜を添えてどうぞ。

フルーツサンドイッチ

材料（作りやすい分量）
ホイップクリーム
　生クリーム…動物性（乳脂肪分47％）130㎖
　　＋植物性70㎖
● 動物性と植物性を混ぜることでダレにくくなる。
　グラニュー糖…大さじ3
食パン（10枚切り）…8枚
パイナップル（縦半割りにして皮を厚めにむき、
　芯を除いて横5㎜厚さに切ったもの／a下）
　…8切れ
いちご（ヘタを取り縦5㎜厚さに切る／a上）
　…8個分

1. ホイップクリームを作る。ボウルに生クリームとグラニュー糖を入れてボウルの底を氷水に当てながら、ハンドミキサーで角の先が折れないくらいまで（8分立てに）泡立てる（b・c）。
2. 食パン4枚に **1** を⅛量ずつのせ、パンの端までゴムべらで塗り広げる。
3. 上にパイナップル2切れをのせて、その上にスライスしたいちごを2個分並べる（d）。
4. 残りのホイップクリームを等分にのせ、フルーツが隠れるようにゴムべらで塗る。
● クリームは塗る前に再度泡立てると塗りやすくなる。
5. 残りの食パンを重ねて軽く押さえ、はみ出したクリームをゴムべらでぬぐう。1組ずつラップでぴっちり包み、冷蔵庫で3時間以上冷やす。
6. ラップごと食パンの耳を切り落として（e）ラップをはがし、対角線に切って4等分する（f）。

心躍るフルーツサンド

チョコバナナサンドイッチ

材料（作りやすい分量）

チョコホイップクリーム
- ココアパウダー … 10g
- 湯 … 大さじ1
- グラニュー糖 … 大さじ2½
- 生クリーム … 動物性（乳脂肪分47%）130mℓ ＋植物性70mℓ
- ●動物性と植物性を混ぜることでダレにくくなる。

食パン（10枚切り）… 8枚
バナナ（皮をむいて筋を取り、長さを半分に切る） … 6本分

1. チョコホイップクリームを作る。ボウルにココアパウダーと湯を入れて泡立て器でよく混ぜる（a）。グラニュー糖を加え、生クリームを少しずつ加えながら、ココアパウダーを溶きのばす。
2. 1のボウルの底を氷水に当てながら、ハンドミキサーで角の先が折れないくらいまで（8分立てに）泡立てる（b）。
3. 食パン4枚に2を⅛量ずつのせ、パンの端までゴムべらで塗り広げる。
4. 上にバナナを3切れずつ横に並べる（c）。
   ● バナナが曲がっている場合は、軽く押してのばしてから並べる。
5. 残りのチョコホイップクリームを等分にのせ、バナナが隠れるようにゴムべらで塗る。
   ● クリームは塗る前に再度泡立てると塗りやすくなる。
6. 残りの食パンを重ねて軽く押さえ、はみ出したクリームをゴムべらでぬぐう。1組ずつラップでぴっちり包み、冷蔵庫で3時間以上冷やす。
7. ラップごと食パンの耳を切り落としてラップをはがし、十字に切って4等分する。

キャベツとオリーブのブレゼ

材料（4〜5人分）
春キャベツ（縦5cm幅に切り、横1cm幅に切る）
　…小½個分（400g）
オリーブ油…大さじ1
グリーンオリーブ（水煮／種なし）…12粒
A｜水…大さじ2
　｜白ワインビネガー…大さじ1
　｜塩…小さじ½
　｜こしょう…少々

1. 厚手の鍋にオリーブ油をしいて強めの中火で熱し、キャベツを入れて炒める（a）。油がまわったらオリーブ、Aを加えて混ぜてふたをする。ふつふつとしてきたらごく弱火にし、ときどき混ぜながら、キャベツがやわらかくなるまで20分ほど蒸し煮にする。
2. ふたを取り、水分が多いようなら強火にして水分を飛ばす（b）。味をみて塩が足りなければ、塩少々（分量外）を加えて混ぜ、味をととのえる。

水分を飛ばす

にんじんとじゃがいものポタージュ

材料（4人分）
にんじん…小2本（200g）
じゃがいも…1〜2個（200g）
玉ねぎ…⅓個（70g）
水…2カップ
塩…小さじ1
無調整豆乳…½カップ
オリーブ油…少々

1. にんじんは皮つきのまま薄い半月切りにする。じゃがいもは皮をむいて薄い半月切りにし、さっと水につけて水けをきる。玉ねぎは縦薄切りにする。
2. 鍋に1、分量の水、塩を入れて混ぜ（a）、強火にかける。沸騰したらアクを取ってふたをし、ごく弱火で20分ほど煮る。にんじんがやわらかくなったら（b）、火を止めて粗熱をとる。
3. ミキサーにゆで汁ごと入れてなめらかになるまで攪拌し（c・d）、鍋に戻す。豆乳を加えて混ぜ（e）、中火で温める。味をみて塩が足りなければ、塩少々（分量外）を加えて混ぜ、味をととのえる。
4. 器に盛り、オリーブ油をまわしかける。

竹串がスッと通るまで

で熱し、**1** を加えて炒める（b）。
5 そら豆に火が通ったら強火にし、**3** を一気に流し入れる。最初に卵液のふちを菜箸で内側に入れ込むようにいり（c）、次に中心を数回いり混ぜて火を止める。
6 200℃のオーブンで、生地全体が膨らむまで5分ほど焼く（d）。
7 オーブンから取り出し、チーズをピーラで削ってのせる（e）。スプーンですくって器に取り分ける。

Memo

材料のそら豆とグリーンアスパラガスに代えて、ゆでたブロッコリーや新じゃがいもで作っても。

ぷっくり膨らむまで

そら豆とアスパラガスのフリッタータ

材料（4人分）
グリーンアスパラガス…½束（50g）
そら豆（さやつき）…300g
卵…4個
A ｜ 塩…小さじ¼
　｜ こしょう…少々
オリーブ油…大さじ2
パルメザンチーズ…適量

1 アスパラガスは根元のかたい部分を落として下から3㎝ほど皮をむき、4㎝長さの斜め切りにする。そら豆はさやから豆を取り出して薄皮を除く（正味90g／a）。
2 オーブンは200℃に予熱する。
3 ボウルに卵を割り入れ、Aを加えて溶きほぐす。
4 直径20㎝のフライパン（オーブン調理可能なスキレットなど）にオリーブ油をしいて中火

もうすぐごはんタイム

絶品！
かにクリームコロッケ

- かにクリームコロッケ
- 春野菜と押し麦のスープ
- トマトファルシー
- ジンジャーシロップ

メインはリクエストが多かったカニクリームコロッケ。レシピでは、衣のつけ方や破裂しにくい揚げ方など、失敗しないコツを盛り込みました。みずみずしい春野菜は、スープやファルシーで彩りも楽しみます。

かにクリーム
コロッケ

材料（12個分）
じゃがいも…100g
かに缶…大1缶（固形量100〜110g）
牛乳…適量
バター…40g
玉ねぎ（みじん切り）…1個分（200g）
薄力粉…40g
塩…小さじ⅓
こしょう…少々
A｜卵…1個
　｜薄力粉…大さじ2
　｜水…大さじ1
薄力粉（バットに広げる）…適量
ドライパン粉（大きめのボウルに入れる）…適量
揚げ油…適量
フリルレタス（食べやすくちぎる）…適量
ソース（好みのもの）…適量

1　じゃがいもは洗い、軽く水けを残してラップでふんわりと包み、電子レンジで2分加熱する。上下を返してさらに1分30秒〜2分加熱し、取り出して粗熱をとる。皮をむいてボウルに入れ、マッシャーでしっかりつぶす（a）。

2　かに缶はボウルに重ねたざるにあけて身と缶汁に分け（b）、足の身があれば軟骨を除いてほぐす。缶汁は牛乳を加えて2カップにする。

3　直径26cmのフライパンにバターと玉ねぎを入れて強めの中火にかけ、木べらで玉ねぎを透き通るまで炒める（c）。中火にして、薄力粉を加えて（d）なじむまで炒める。2の缶汁と合わせた牛乳を一気に加え、再

び強めの中火にして混ぜながら、とろみがついてフライパンの中央からボコボコ沸くまでしっかり煮立てる（e）。

4 1、2のかにの身、塩、こしょうを加えて混ぜ（f）、再び煮立てる。鍋底にへらの跡が残るくらいまで水分が飛んだら（g）、バットに流し入れる（h）。表面が乾かないようにラップでぴったり覆って平らにし（i）、粗熱をとって冷蔵庫で2時間以上冷やす。

5 ボウルにAを合わせて混ぜ、バッター液を作る。

6 4を12等分し、手にサラダ油少々（分量外）をつけて俵形に成形する（j）。薄力粉をまぶし、5にくぐらせ、パン粉のボウルに入れてあおるように転がしながらまぶす（k）。
● オーブンシートを敷いたバットにパン粉までまぶした6を並べて冷凍し、凍ったらジッパーつきの保存袋に移して冷凍保存をしても。1カ月ほど保存可能。

7 揚げ鍋に揚げ油を入れて180℃に熱する。6を3〜4個ずつ入れ、全体がきつね色になるまで2分ほど揚げて取り出す（l・m）。揚げカスを取り除き、残りも同様に揚げる。
● 油の温度が下がると破裂の原因になるので、3〜4回に分けて揚げる。

8 皿に盛り、レタスを添えて好みのソースをかけて食べる。

Memo

- 材料のかに缶に代えて、ほたて缶や鮭缶で作っても。
- 玉ねぎの分量を減らして、みじん切りにしたマッシュルームを入れてもおいしい。

春野菜と押し麦のスープ

Memo
- 材料の野菜はかぶやさやいんげん、グリーンアスパラガスに代えてもおいしい。
- 押し麦に代えて、手で折ったカッペリーニ、オートミールを使っても。

材料（6〜7人分）
鶏もも肉…1枚（200g）
オリーブ油…大さじ1
玉ねぎ（1cmの角切り）…½個分（100g）
にんじん（1cmの角切り）…小1本分（100g）
じゃがいも（1cm角に切ってさっと水にさらす）
　…1個分（150g）
カレー粉…小さじ2
水…4カップ
キャベツ（2cm四方に切る）…大1枚分（100g）
右段「トマトファルシー」でくり抜いたトマトの
　中身（p.131の1参照）…全量
ピーマン（1cm四方に切る）
　…3〜4個分（100g）
押し麦…大さじ4
塩…小さじ1⅓
こしょう…少々

1. 鶏肉は水けをふき取り、厚みの半分くらいまで切り込みを入れ、包丁を寝かせて切り目から左右に刃を入れて身を開く。筋と脂肪を除き、1.5cm大に切る（a）。
2. 厚手の鍋にオリーブ油をしいて強めの中火で熱し、玉ねぎ、にんじん、水けをきったじゃがいもを入れて透き通るまで炒める（b）。
3. 1を加えてさらに炒め、肉の色が変わったらカレー粉を加えて炒め合わせる。分量の水、キャベツ、トマトの中身、ピーマン、押し麦を加え（c）、ひと煮立ちさせてアクを取り、ふたをして弱火で10分ほど煮る（d）。
4. 塩、こしょうを加えて味をととのえる。

トマトファルシー

材料（5〜6人分）
トマト…5〜6個
玉ねぎ（みじん切り）…⅔個分（150g）
ツナ缶（油漬け）…2缶（140g）
マヨネーズ…大さじ2
塩、こしょう…各少々
A　酢…大さじ1
　　砂糖…小さじ⅓
　　塩…小さじ⅓
　　こしょう…少々
　　オリーブ油…大さじ2
ピーマン（薄い輪切り）…2個分

1 トマトはヘタをくり抜き（a）、熱湯に入れて皮が弾けたら（b）すぐに氷水にとり、皮をむく（c）。ヘタをくり抜いたほうから、スプーンで中身をくり抜いて取り出す（d）。
   ● くり抜いた中身は取っておき、p.130「春野菜と押し麦のフープ」に使う。
2 玉ねぎは塩小さじ¼（分量外）を混ぜ、5分おいて水けを絞る。
3 ツナ缶はざるにあけ、へらなどで押して汁けをしっかり絞る。ボウルに入れて **2**、マヨネーズ、塩、こしょうを加えて混ぜる（e・f）。
4 **1** のトマトを器にして、**3** をスプーンで等分に詰める（g）。逆さまにしてバットにのせ、ラップをかけて冷蔵庫で1時間以上冷やす。
5 清潔な空き瓶に A を入れてふたをし、ふり混ぜてドレッシングを作る（h）。
6 器にピーマンを敷いて冷蔵庫から取り出した **4** をのせ、**5** をかける。

よくふる！

ジンジャーシロップ

材料（出来上がり約300㎖分）
しょうが…300g
きび砂糖…300g
ローリエ…1枚
水…1カップ
レモン汁…大さじ2
シナモンパウダー…小さじ½
氷、炭酸水…各適量

1 しょうがはたわしでこすり洗いし、土がついている部分は節に分けてスプーンでこそげ取り、繊維に沿って皮つきのままスライサーで細切りにする（a）。
2 鍋に **1**、きび砂糖、ローリエ、分量の水を入れて混ぜ（b）、強めの中火にかける。ふつふつとしてきたらアクを取り、ふたをして弱火で15分煮る（c）。
3 粗熱をとり、ボウルに重ねざるにあけて、へらで押して汁けを絞る（d）。ボウルに受けたシロップにレモン汁、シナモンパウダーを加えて混ぜる（e・f）。グラスに氷を入れてシロップ適量を注ぎ、炭酸水で割って飲む。
   ● 残ったしょうがは取っておき、p.132「しょうがのふりかけ」に使う。
   ● 清潔な保存瓶に入れ、冷蔵で1カ月ほど保存可能。

→p.132へつづく

→p.131のつづき

Memo

2でクローブ、割ったシナモンスティック、つぶしたカルダモン、種を除いた赤唐辛子各適量を一緒に煮て、スパイシーに仕上げても。好みの配合でどうぞ。

a

b

c

d

e

f

> ジンジャーシロップの残りのしょうがでもう1品

しょうがのふりかけ

材料（作りやすい分量）

ジンジャーシロップ（p.131参照）で残った
　しょうが（ローリエは除く）…全量
A ｜ 酢…大さじ2
　　｜ しょうゆ…大さじ3
　　｜ 水…大さじ2
削り節（2.5g入りのもの）…1袋
白いりごま…大さじ1½

鍋にしょうがとAを入れて混ぜ、強めの中火にかける。煮立ったら汁けが少なくなるまでいり煮にし（a）、削り節と白ごまを加えて混ぜる（b）。

◉清潔な容器に入れ、冷蔵で10日ほど保存可能。

Memo

削り節と一緒にちりめんじゃこ適量を加えてもおいしい。

a

b

しょうがで2品！

春爛漫の
イタリアン献立

- 鶏肉と野菜のオーブン焼き
- 春野菜のスープパスタ
- ゆで卵のアンチョビソース
- コッコリ2種
  塩味／シナモンシュガー味

にんじん、じゃがいも、そら豆、スナップエンドウ。旬の春野菜をたっぷりいただけるイタリアンメニュー。オーブン焼きはあえて野菜を大きくカット。スープパスタは、野菜のうまみを生かしたやさしい味わいです。

鶏肉と野菜のオーブン焼き

材料（4人分）
鶏もも肉…2枚（約500g）
A｜にんじん（皮つきのまま縦半分に切る）
　　　…2本分（200〜250g）
　　新じゃがいも（皮つきのまま半分に切る）
　　　…2個分（約200g）
B｜塩…小さじ⅓
　　こしょう…少々
　　オリーブ油…大さじ1
C｜塩…小さじ⅔
　　こしょう…少々
　　オリーブ油…大さじ1
カレー粉…少々

1. 鶏肉は室温に15分おき、水けをふく。厚みの半分くらいまで切り込みを入れ、包丁を寝かせて切り目から左右に刃を入れて身を開く。筋と脂肪を除き、横半分に切る。
2. オーブンは220℃に予熱する。アルミ箔を敷いた天板にAをのせ、Bをふってざっとからめる。予熱したオーブンで10分焼く。
3. ボウルに1を入れてCをからめ、オーブンから天板を取り出して野菜をひっくり返して端に寄せる。鶏肉の皮目を上にして並べ（a）、さらに10〜15分焼く（b）。
4. 器に盛り、カレー粉をふる。

春野菜のスープパスタ

材料（4人分）
- 玉ねぎ… ¼個（50g）
- そら豆（さやつき）… 300g
- ミニトマト… ½パック（100g）
- スナップエンドウ… 100g
- ブロックベーコン… 50g
- ショートパスタ（ペンネ／12分ゆで）… 80g
- オリーブ油… 大さじ½
- にんにく（みじん切り）… 大さじ½
- 水… 1カップ
- こしょう… 少々
- パルメザンチーズ（好みで）… 適量

1. 玉ねぎは薄切りにする。そら豆はさやから豆を取り出して薄皮を除く（正味90g）。ミニトマトはヘタを取り、縦半分に切る。スナップエンドウは筋を取り、斜め半分に切る。ベーコンは5mm厚さに切って細切りにする。
2. 鍋に1.5ℓの湯を沸かし、塩大さじ1（分量外）を入れてパスタを袋の表示どおりにゆでる。ボウルに重ねざるにあけて湯をきり、ゆで汁は取っておく。
3. 鍋にオリーブ油をしいて、玉ねぎ、にんにく、ベーコンを入れて強めの中火で炒める。玉ねぎがしんなりしたら中火にし、ベーコンから脂が出るまで炒める。そら豆、ミニトマト、スナップエンドウを加えて、油がまわるまで炒める（a）。
4. 分量の水、2のパスタとゆで汁350mℓ、こしょうを加えて強火にし、ひと煮立ちさせる。スナップエンドウがやわらかくなるまで、中火で4～5分煮る（b）。味をみて塩けが強ければ水適量を足す。
5. 器に盛り、好みでチーズをすりおろす。

煮すぎない！

ゆで卵のアンチョビソース

材料（作りやすい分量）
- 卵（室温に戻す）… 4～5個
- オリーブ油… 大さじ1
- アンチョビフィレ（みじん切り）… 10g
- にんにく（みじん切り）… 小さじ1

1. 鍋に湯適量を沸かし、酢適量（分量外）を加える。卵を1個ずつそっと入れ、中火で8分ゆでて氷水にとる。殻をむいてテグス（または包丁）で縦半分に切り（a・b）、器に盛る。
2. フライパンにオリーブ油、アンチョビ、にんにくを入れて中火にかけ、香りが出てにんにくがきつね色になるまで炒めて1にかける。

コッコリ2種
塩味／シナモンシュガー味

材料（各16個分）
A ｜ 強力粉…150g
　｜ 薄力粉…100g
塩…小さじ½
インスタントドライイースト…5g
オリーブ油…大さじ1
水…150㎖
打ち粉（強力粉）…適量
揚げ油…適量
B ｜ シナモンパウダー…小さじ⅓
　｜ グラニュー糖…大さじ1½
モッツァレラチーズ…1個
生ハム…40〜50g

1. ボウルに A を入れ、その上に塩とドライイーストを離しておき、分量の水、オリーブ油を入れて手で混ぜる（ a ）。ひとまとまりになったら台に取り出し、10分ほどなめらかになるまでよくこねる。丸く形を整えてボウルに入れて（ b ）ラップをかけ、室温に2時間おいて2倍の大きさに発酵させる。
2. 生地の表面を軽く押さえてガスを抜き（ c ）、打ち粉をした台に取り出す。手で転がしながら長さ50㎝ほどの棒状にまとめ（ d ）、カードで8等分する（ e ）。さらにそれぞれを十字に4等分にして、計32個をオーブンシートの上にのせる（ f ）。
3. 直径26㎝のフライパンに揚げ油を2㎝深さに入れて180℃に熱する。2を半量入れ、きつね色になるまで3〜4分揚げて（ g ）取り出す。
4. 熱いうちに塩ふたつまみ（分量外）をふってからめる（塩味／ h ）。
5. 残りの 2 を同様に揚げて取り出し、熱いうちに混ぜ合わせた B をふってからめる（シナモンシュガー味／ i ）。
6. 器に 4 の塩味を盛り、食べやすくちぎったモッツァレラチーズと生ハムを添える。別の器に 5 のシナモンシュガー味を盛る。

基本の洋食

- オムライス
- えびフライ
- 野菜たっぷりマカロニサラダ
- コーンスープ
- いちじくの赤ワイン煮

大人も子どもも大好きなオムライス、えびフライ、マカロニサラダをワンプレートに盛り合わせて、コーンスープとデザートをつけたリッチなお子様ランチです。オムライスはチキンライスをふわとろ卵で包む定番のスタイル。きれいに包むコツも紹介します。

オムライス

材料（2人分）

チキンライス
- 玉ねぎ（1cmの角切り）…⅓個分（70g）
- バター…大さじ1
- 鶏もも肉（筋と脂肪を除いて1cm角に切る）…½枚分（100g）
- ピーマン（1cm四方に切る）…2個分
- マッシュルーム（石づきがあれば除いてペーパータオルで汚れをふき取り、縦に薄切りにする）…4個分
- A ケチャップ…大さじ4
  中濃ソース…大さじ½
  塩、こしょう…各少々
- 温かいごはん…250g
  ●炊きたてのごはんを用意する場合は、米1合につき180mlの水でかために炊く。

- 卵…4個
- B 塩、こしょう…各少々
  牛乳…大さじ2
- サラダ油…大さじ1
- ケチャップ（好みで）…適量

1. チキンライスを作る。直径24〜25cmのフライパンに玉ねぎ、バターを入れて中火にかけ、玉ねぎが透き通るまでゴムべらで混ぜながら炒める。鶏肉を加え、少し火を強めて肉の色が変わるまで炒める。
2. ピーマン、マッシュルームを加えて炒め、油がまわったらAを加えてさらに炒める。ごはんを加え、ゴムべらで押さえてほぐし、混ぜながらなじむまで炒めてバットに取り出す。
3. ボウルに卵2個を割り入れて箸で溶きほぐし、Bを半量加えて混ぜる。

4 　2のフライパンをきれいにしてサラダ油大さじ½をしいて熱し、3を流し入れる。箸でふんわりといって半熟状になったら火を止め（a）、中央に2の半量を横長にのせる。卵の両端を、フライ返しでめくりあげるようにしてチキンライスに密着させ（b）、全体を向こう側に寄せる。フライパンの柄を下から逆手で持って持ち上げ、皿を添えてフライパンをひっくり返してオムライスを盛りつけ（c・d）、ペーパータオルをかぶせて上から軽く押さえて形を整える。

5 　フライパンをきれいにして3〜4をくり返し、残りも同様に作る。好みでケチャップをかける。

フライパンを逆手に持ってひっくり返す

えびフライ

材料（4人分）
えび（無頭、殻つき）…大8尾
牛乳、オリーブ油…各大さじ1

A｜溶き卵…1個分
　｜水…大さじ2
　｜薄力粉…大さじ4
塩、こしょう…各少々
薄力粉、生パン粉…各適量
揚げ油…適量
キャベツ（せん切り）、中濃ソース…各適量

1 　えびは洗って尾とすぐ上の一節を残して殻をむく。背に浅く切り目を入れて包丁で背ワタを取り、剣先を切り落とし（a）、尾を刃先でしごいて水分を出す。腹側に4カ所切り込みを入れ（b）、切り目を下にしておいて軽く押し、まっすぐ伸ばしてバットにのせる。牛乳とオリーブ油をかけて手でなじませ、冷蔵庫に30分おく。

● えびに牛乳とオリーブ油をからめることで、臭みがとれてパサつきも防げる。

2 　ボウルにAを合わせ、粉がなじむまで泡立て器で混ぜる。

3 　1に塩、こしょうをふって薄力粉をまぶし、2にくぐらせ（c）、パン粉をまぶす。手でぎゅっと握って衣を密着させる。

4 　フライパンに揚げ油を2cm深さに入れ、180℃に熱する。3を入れてきつね色になるまで4分ほど揚げる（d）。

5 　キャベツとともに器に盛り、ソースを添える。

野菜たっぷりマカロニサラダ

材料（4〜5人分）
マカロニ（4分ゆで）… 50g
きゅうり（薄い小口切り）… 2本分
にんじん（せん切り）… 4〜5㎝分（40g）
玉ねぎ（薄切り）… ½個分（100g）
塩… 小さじ⅓
A｜マヨネーズ… 大さじ3
　｜粗びきマスタード… 小さじ1
　｜プレーンヨーグルト… 大さじ2
　｜塩… 小さじ¼
　｜こしょう… 少々
スライスハム（ロース／半分に切って
　細切りにする）… 3〜5枚分（50g）

1　鍋に湯を沸かして塩少々（分量外）を入れ、マカロニを袋の表示どおりにゆでてざるに上げ、水けをきる。
2　ボウルにきゅうり、にんじん、玉ねぎ、塩を入れて混ぜ（a）、10分おいて水けを絞る。
3　ボウルに A を合わせて混ぜ、**1**、**2**、ハムを加えて和え、冷蔵庫で冷やす。

Memo
材料のきゅうりに代えて、斜め薄切りにしたセロリで作っても。

調味料を混ぜる前に水けを絞る

コーンスープ

材料（4〜5人分）
玉ねぎ（薄切り）… ½個分（100g）
バター… 大さじ2
薄力粉… 大さじ2
コーンクリーム缶… 2缶（360g）
水… 1カップ
顆粒コンソメ… 小さじ1
牛乳… 2カップ
クルトン（作りやすい分量）
　バター… 大さじ1½〜2
　サンドイッチ用食パン（1㎝四方に切る）
　　… 3枚分
塩… 小さじ½
こしょう… 少々
ドライパセリ… 適量

1　鍋に玉ねぎとバターを入れ、中火にかける。玉ねぎがしんなりするまで炒め、薄力粉を加えて色づかないように混ぜながら、なじむまで炒める。コーンクリーム缶、分量の水、コンソメを加えて混ぜ、煮立ったら弱火にしてふたをし、5分ほど煮る。
2　牛乳を加えて混ぜて火を止め、ミキサーに移して攪拌する（a）。ざるでこして鍋に戻す（b・c）。
3　クルトンを作る。フライパンにバターを入れ、中火にかける。バターが半分溶けたら食パンを加え、きつね色になるまで炒めてペーパータオルに取り出す（d）。
4　**2** を温め直して塩、こしょうを加えて混ぜ、味をととのえる。器に盛り、**3** を適量散らしてパセリをふる。

途中で一度、まんべんなく液に浸るようそっとひっくり返し（d）、ふたをして冷蔵庫でひと晩冷やす。

 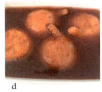

いちじくの赤ワイン煮

材料（作りやすい分量）
いちじく…1パック（4個）
赤ワインシロップ
　赤ワイン…½カップ
　水…1¼カップ
　砂糖…大さじ5
　レモン汁…大さじ1
　シナモンスティック（あれば）…1本

1　小鍋に湯を沸かし、いちじくを1個入れ、さっとゆでてすぐに氷水にとる（a）。残りのいちじくも同様にゆでて冷まし、指でこするようにして皮をむく（b）。

2　赤ワインシロップを作る。小鍋に材料を合わせて強めの中火にかけ、ひと煮立ちさせる。1をそっと加え、ふつふつとしてきたらごく弱火にし、オーブンシートで落としぶたをして10分煮る（c）。火を止めて粗熱をとり、シロップごとふたつきの容器に移す。冷ます

赤ワイン煮のシロップゼリー

残った赤ワインシロップでもう1品

材料と作り方（作りやすい分量）
1　粉ゼラチン1袋（5g）を水大さじ1⅓にふり入れてふやかす。ラップをかけずに電子レンジで20秒加熱して溶かす。

2　ボウルに左段「いちじくの赤ワイン煮」のシロップ1カップを入れ、1を加えて混ぜ、冷蔵庫で冷やし固める。

Memo
フォークで崩していちじくの赤ワイン煮に添えても。

コトコト煮込む冬の豆料理

- 白いんげん豆のゆで方
- 鶏肉のカスレ風
- 白いんげん豆のポタージュ
- タブレ
- カリフラワーとオレンジのサラダ

寒い日に作りたい豆の煮込み料理。白いんげん豆をじっくりおいしくゆで、カスレとポタージュに作り分けます。箸休めになるタブレとサラダも一緒に。クリスマスのパーティーメニューにもおすすめです。

白いんげん豆のゆで方

材料（作りやすい分量＊）

＊ゆで上がりは豆約520g、ゆで汁約650㎖

- 白いんげん豆（または白花豆）…1袋（200g）
- 水…1ℓ
- A
  - にんにく（縦半分に切り芯を除いてつぶす）…1かけ分
  - セージ…1枝
- 塩…小さじ½

1. 豆はやさしく洗ってボウルに入れ、たっぷりの水を注ぐ。冷蔵庫に丸1日おいて、シワがなくなるまで戻す。
2. ざるに上げて水けをきり、厚手の鍋に入れる。分量の水、Aを入れて強火にかけ、ひと煮立ちさせてアクを取る（a）。ふたをしてごく弱火で、豆が十分やわらかくなるまで1時間～1時間30分ゆでる。途中で一度、全体をやさしく混ぜる。
3. 塩を加えて混ぜ、火を止めてそのままおいて粗熱をとる（b）。
   - ◉ 使うときはにんにくとセージを除く。
   - ◉ 清潔な容器にゆで汁ごと入れ、冷蔵で3～4日、冷凍で1カ月ほど保存可能。

Memo

材料Aのセージの代わりに、ローズマリーを使っても。

まずは
ゆでたてを食べる

> そのままでも
> おいしい！

ゆで上がったら、鍋から1粒取り出して塩少々、オリーブ油適量をかけて食べてみましょう。ほっくりとした豆のおいしさをストレートに楽しめます。

鶏肉の
カスレ風

材料（4人分／25×19×深さ5.5cmの耐熱容器1台分）

鶏もも肉…大1枚（300g）
塩…小さじ½
こしょう…適量
バター…大さじ4（48g）
玉ねぎ（みじん切り）…½個分（100g）
にんにく（みじん切り）…小さじ2
ゆでた白いんげん豆（p.140参照）
　…½量（約250g）
ゆでた白いんげん豆のゆで汁（p.140参照）
　…¼カップ
粗びきソーセージ（長さを半分に切る）
　…5本分（100g）
ホールトマト缶（マッシャーまたは
　手でつぶしてなめらかにする）
　…½缶分（200g）
ローリエ…1枚

1　鶏肉は水けをふき取り、厚みの半分くらいまで切り込みを入れ、包丁を寝かせて切り目から左右に刃を入れて身を開く。筋と脂肪を取ってひと口大に切り、塩、こしょう少々をもみ込む。

2　フライパンにバターを入れて強めの中火にかけ、半分くらい溶けたら 1 を皮目を下にして並べ入れ、こんがり焼く（a）。表裏を返してさっと焼き、玉ねぎ、にんにくを加えて木べらで混ぜながら、しんなりするまで炒める（b）。

3　オーブンは160℃に予熱する。ゆでた白いんげん豆とゆで汁、ソーセージ、トマト缶、ローリエ、こしょう少々を加えて混ぜ（c・d）、煮立ったら火を止める。耐熱容器に入れ（e）、160℃のオーブンで1時間焼く。

> オーブンに入れる前に煮立たせる

白いんげん豆のポタージュ

じっくり炒める

材料（4～5人分）
玉ねぎ（薄切り）… ½個分（100g）
にんにく（薄切り）… 1かけ分
オリーブ油… 適量
ゆでた白いんげん豆（p.140参照）
　… ½量（約250g）
ゆでた白いんげん豆のゆで汁（p.140参照）
　… 1½カップ
牛乳… ½カップ
スライスベーコン（横5mm幅に切る）… 2枚分
塩… 小さじ⅓
こしょう… 少々

1. 鍋にオリーブ油大さじ1をしいて中火で熱し、玉ねぎ、にんにくを入れて（a）しんなりするまで炒める。
2. ゆでた白いんげん豆とゆで汁を加え、ひと煮立ちさせてふたをして、玉ねぎがやわらかくなるまで弱火で5～6分煮る（b）。牛乳を加えて混ぜて火を止め、粗熱をとる（c）。
3. フライパンにオリーブ油少々、ベーコンを入れて中火にかけ（d）、カリカリになるまで炒めてペーパータオルに取り出して油をきる（e）。
4. ミキサーに 2 を入れてなめらかになるまで攪拌し（f）、鍋に戻して温め直す。塩、こしょうを加えて混ぜ、味をととのえる。
5. 器に盛り、3 をのせてオリーブ油少々をたらす。

Memo
仕上げにクミンパウダーをふってもおいしい。

タブレ

材料（4～5人分）
水… ¼カップ
クスクス… 30g
オリーブ油… 小さじ1
A｜レモン汁… 大さじ1
　　にんにく（すりおろす）… 少々
　　クミンパウダー… 小さじ½
　　ナンプラー… 小さじ1½～2
　　塩、こしょう… 各少々
　　オリーブ油… 大さじ1½～2

玉ねぎ（みじん切り）… ¼個分（50g）
トマト（1cmの角切り）… 大1個分（200g）
パセリ（葉をみじん切りにして水に5分さらし、
　水けを絞る）… 1袋分（約50g）
ミント（軸ごと粗いみじん切りにする）
　… 1パック分（10g）

1　小鍋に分量の水を入れて強火でひと煮立ちさせて火を止める。クスクス、オリーブ油を加えて混ぜ（a）、ふたをして蒸らし、粗熱をとる（b）。
2　ボウルにAを合わせて混ぜ、**1**、玉ねぎ、トマト、パセリ、ミントを加えて和える（c）。
3　ラップをかけて冷蔵庫で1時間以上冷やす（d）。

Memo
- 材料のクスクスに代えて、キヌアや押し麦、丸麦を袋の表示どおりに戻して作っても。
- 材料のパセリをイタリアンパセリ、ミントをパクチーに代えても。

蒸らして戻す

カリフラワーとオレンジのサラダ

材料（4人分）
カリフラワー … ½個（200g）
オレンジ（包丁で皮をむいて縦4等分にし、
　横5mm厚さのいちょう切りにする／a・b）
　… 1個分
A｜白ワインビネガー … 小さじ2
　｜塩 … ふたつまみ
　｜こしょう … 少々
　｜粒マスタード … 小さじ1
　｜オリーブ油 … 小さじ2
パルメザンチーズ … 30g

1　カリフラワーは小房に分け、茎は厚く皮をむいて横5mm幅に切る。鍋に湯を沸かして塩少々（分量外）を加え、カリフラワーを入れてさっとゆで、ざるに上げて冷ます。
2　ボウルに**1**、オレンジを入れてラップをかけ、冷蔵庫で冷やす。
3　清潔な空き瓶にAを入れてふたをしてふり混ぜ、冷蔵庫から取り出した**2**にかけて全体を和える。器に盛り、パルメザンチーズを手で小さくちぎってのせる。

キッシュでおもてなし

- キッシュ2種
  ベーコンかぼちゃ／きのこ
- 菊いものポタージュ
- いちごとベビーリーフのサラダ
  バルサミコドレッシング
- 冬のラタトゥイユ

粉からブリゼ生地を作る本格キッシュ。具材を2種類用意して、異なる2つの味をぜひ楽しんで。キッシュを焼いている間に冬野菜のラタトゥイユとポタージュ、いちごのサラダをパパッと作れば、華やかなおもてなしの献立が完成。

キッシュ2種
ベーコンかぼちゃ／きのこ

材料（直径18×高さ2.5cmのタルト型 各1台分）

ブリゼ生地（2種共通*）
＊2種各1台作る場合、材料は倍量用意する。
- 薄力粉…100g
- 塩…小さじ¼
- バター（食塩不使用／1cm角に切って冷やす）…60g
- 冷水…大さじ1⅓〜
- 打ち粉（強力粉）…適量

〈具材1〉ベーコンかぼちゃ
- かぼちゃ（種とワタを除いて皮をむき、3cm長さ×1cm厚さに切る）…150g（正味）
- サラダ油…小さじ1
- 玉ねぎ（薄切り）…¼個分（50g）
- ブロックベーコン（5mm角の細切りにする）…60g
- ピザ用チーズ…50g

〈具材2〉きのこ
- 玉ねぎ（薄切り）…¼個分（50g）
- しめじ（石づきを除いてほぐす）、まいたけ（ほぐす）…各½パック分（50g）
- 生しいたけ（石づきを除いて薄切りにする）…2〜3枚分（50g）
- サラダ油…小さじ2
- アンチョビフィレ（みじん切り）…5〜6本分（20g）
- 塩、こしょう…各少々

卵液（2種共通*）
＊2種各1台作る場合、材料は倍量用意する。
- 卵…1個
- 生クリーム（乳脂肪分35〜47％）…½カップ
- 塩、こしょう…各少々

3章 洋食 冬 キッシュでおもてなし

1 ブリゼ生地を作る。ボウルに薄力粉をふるい入れて塩、バターを加え、カードでバターを小豆大くらいに刻む（a）。さらに手の平でこすり合わせ、細かくする（b）。
　● 粉チーズのような黄色っぽい色になる。

2 分量の冷水を加えてカードで切り混ぜ（c）、粉っぽい場合は様子を見ながら水少々を足して混ぜる。水分がなじんだら手でまとめ、カードで2等分して重ね、上から押さえてつぶす。これを3回くり返す。ラップにのせて平らな円形に整えて包み（d）、冷蔵庫で1時間以上休ませる。

3 〈具材1〉ベーコンかぼちゃを作る。かぼちゃをさっと水にくぐらせて耐熱皿に広げ、ラップをふんわりかけて電子レンジで3分加熱し、粗熱をとる。フライパンにサラダ油をしいて強めの中火で熱し、玉ねぎ、ベーコンを炒め（e）、玉ねぎがしんなりして薄く色づいたら、火を止めて取り出す。

4 〈具材2〉きのこを作る。フライパンにサラダ油をしいて強めの中火で熱し、玉ねぎ、きのこ類を入れて炒める（f）。しんなりしたらアンチョビを加えて炒め、塩、こしょうをして取り出して粗熱をとる。

5 卵液を作る。ボウルに卵を入れて溶きほぐし、残りの材料を加えて混ぜる。

6 タルト型にブリゼ生地を敷く。打ち粉をした台にラップをはずした 2 をおき、麺棒で型よりひと回り大きい直径約20cmにのばす（g）。余分な粉をはらって型に敷き込み（h）、型の縁に沿って麺棒を転がして（i）はみ出した生地を落とす。落とした生地を内側の薄い部分に貼りつけて足しながら形を整える（j）。オーブンは200℃に予熱する。

余った生地は使いきる

7 フォークで 6 の底全体に穴をあけ（k）、オーブンシートを敷いて底が隠れる程度に重石をのせる（l）。200℃のオーブンで、生地の縁が色づくまで15〜20分焼く。

重石をのせて空焼きする

→p.146へつづく

→p.145のつづき

8 取り出してオーブンシートごと重石をはずす（m）。3または4の具材を広げ入れ、3のベーコンかぼちゃはチーズを散らす。5を流し入れ（n）、再度200℃のオーブンで卵液に火が通るまで20〜30分焼く。途中、具が焦げそうになったらアルミ箔をかぶせる。
● 写真nはベーコンかぼちゃ。

9 オーブンから取り出して粗熱をとり（o）、型からはずして8等分に切る（p）。
● 写真o・pはきのこ。

菊いものポタージュ

材料（4人分）
玉ねぎ（薄切り）…½個分（100g）
にんにく（薄切り）…½かけ分
菊いも（a／皮をむいて薄切りにする）…200g
オリーブ油…大さじ1
A｜水…1カップ
　｜顆粒コンソメ…小さじ½

菊いもチップ
｜菊いも（皮をむいて薄切りにする）
｜　…1〜2個分
｜揚げ油…適量
牛乳…1½カップ
塩…小さじ½
こしょう…少々

1 鍋にオリーブ油、玉ねぎ、にんにくを入れて強めの中火にかけ、玉ねぎがしんなりするまで炒める。菊いもを加えて油がまわるまで炒める（b）。

2 Aを加えてひと煮立ちさせてアクを取り、ふたをして、菊いもがやわらかくなるまで弱火で6分ほど煮る。火を止めて粗熱をとる。

3 菊いもチップを作る。フライパンに揚げ油を1cm深さに入れて170℃度に熱し、菊いもを入れて薄いきつね色になるまで揚げる。ペーパータオルに取り出して油をきり、パリッとさせる。

4 ミキサーに2を入れてなめらかになるまで攪拌し（c）、鍋に戻す。牛乳、塩、こしょうを加えて混ぜ、ふつふつとしてきたら火を止める。

5 器に盛り、3をのせる。

いちごとベビーリーフのサラダ バルサミコドレッシング

材料（6人分）
サニーレタス（食べやすくちぎる）
　…2枚分（40g）
ベビーリーフ…1袋（50g）
サラダ玉ねぎ（薄切り）…½個分（80g）
A｜塩…ふたつまみ
　｜こしょう…少々
　｜バルサミコ酢…大さじ1
　｜はちみつ…小さじ½
　｜オリーブ油…大さじ1
いちご（ヘタを取って縦半分に切る）
　…1パック分（250g）

1　ボウルにサニーレタス、ベビーリーフ、サラダ玉ねぎを入れて水に5分ほどさらし、サラダスピナーで水けをよくきる。
2　清潔な空き瓶にAを入れてふたをし、よくふり混ぜてドレッシングを作る。
3　器に1を盛り、いちごをのせて2をかける（a）。

a

冬のラタトゥイユ

材料（4人分）
にんにく（つぶす）…1かけ分
玉ねぎ（2㎝の角切り）…1個分（200g）
オリーブ油…大さじ4
れんこん（1㎝厚さのいちょう切りにして
　さっと水にさらす）…150g
パプリカ（赤／2㎝四方に切る）
　…1個分（160〜180g）
カリフラワー（小房に分ける）…150g
トマト（ざく切り）…2個分（300g）
かぼちゃ（種とワタを除いて2㎝長さ
　×1㎝厚さに切る）…200g（正味）
塩…小さじ1
こしょう…少々

1　厚手の鍋にオリーブ油、にんにく、玉ねぎを入れて強めの中火にかけ、玉ねぎがしんなりするまで炒める。れんこん、パプリカ、カリフラワーを加え、中火で3分ほど炒める。
2　トマトを加えて混ぜ合わせ、ふたをして弱めの中火にし、ときどき上下を返しながられんこんがやわらかくなるまで20分ほど蒸し煮にする。
3　かぼちゃ、塩、こしょうを加えて混ぜ、ふたを少しずらしてのせ、汁けがほどよく煮詰まり、かぼちゃがやわらかくなるまで弱火で10〜20分蒸し煮にする。

おうちで本格
ビーフシチュー

- ビーフシチュー
- スモークサーモンと
  ルッコラのサラダ
- ゆで卵のポテトサラダ
- オープンアップルパイ

教室でとくに好評だったビーフシチュー。市販のデミグラスソースを使わずにあめ色玉ねぎから作り、牛肉は焼きつけて煮込みとろとろに。ていねいに時間をかけることでおいしく、本格的な味わいに仕上がります。特別な日のごちそうにどうぞ！

ビーフシチュー

材料（4〜5人分）
玉ねぎ（みじん切り）…2個分（400g）
にんにく（すりおろす）…大さじ1
バター…40g
牛すね肉（カレーシチュー用／大きければ
　3〜4cm大に切る）…500g
塩…小さじ2/3
こしょう…少々
薄力粉…大さじ2
サラダ油…大さじ1
赤ワイン…1カップ
● ピノノワールがおすすめ。

A｜水…5カップ
　　ローリエ…1枚
　　トマトピューレ（3倍濃縮）…100g
　　顆粒コンソメ…小さじ1
　　はちみつ…小さじ2

にんじん（1.5cm厚さの輪切りにする）
　…1本分（200g）
マッシュルーム（石づきがあれば除いて、
　ペーパータオルで汚れをふき取る）
　…2パック分（200g）

B｜塩…小さじ1/4
　　こしょう…少々
　　しょうゆ、ウスターソース…各小さじ1

1 厚手の鍋にバター、玉ねぎ、にんにくを入れて強めの中火にかけ、あめ色になるまで15〜20分炒める。途中、玉ねぎが色づき、鍋底にこびりついてきたらへらでこそげ取り、さらに色が濃くなりこびりつきが強くなったら、水を適宜足しながら炒める（a・b・c）。

◉ 水を足すときは蒸気に注意する。

2 牛肉に塩、こしょうをもみ込み、薄力粉を全体にしっかりまぶす。

3 フライパンにサラダ油をしいて強めの中火で熱し、2 を並べ入れて（ d ）残った粉も加え、トングで返しながら両面合わせて4〜5分こんがり焼く（ e ）。中火にして赤ワインを加え、1分ほど煮立たせる。

4 1 の鍋に 3 を汁ごと加え（ f ）、A を加えて強めの中火にかける。煮立ったらアクを取り（ g ）、ふたをして牛肉がやわらかくなるまで弱火で1時間ほど煮る。途中、一度混ぜる。

◉ 途中具材が頭を出すようなら、水を適宜足して加熱する。牛肉に竹串を刺してかたければ、加熱時間を15〜30分延長する。

5 にんじんを加えて混ぜ、ふたをしてときどき鍋底をこそげながら弱火で20分煮る（ h ）。

6 マッシュルーム、B を加えて混ぜ、ときどき鍋底をこそげながらさらに20分煮る（ i ）。

◉ ル・クルーゼやストウブのような気密性の高い鍋で加熱した場合は水分が多めに残るので、手順 5 〜はふたをはずし、シチューがとろっとするように混ぜながら加熱する。

e

f

g

h

i

鍋底をこそげながら

あめ色になるまで！

絶品シチューをどうぞ

スモークサーモンとルッコラのサラダ

材料（4～5人分）
玉ねぎ…¼個（50g）
ルッコラ…1～1½束（70g）
● ベビーリーフやサニーレタスと合わせても。
トマト…1個（約200g）
スモークサーモン…50g
A　白ワインビネガー…大さじ½
　　粒マスタード…小さじ½
　　砂糖…小さじ¼
　　塩…小さじ¼
　　こしょう…少々
　　オリーブ油…大さじ1

1　玉ねぎは薄切りにし、水に10分さらして水けをよくきる。ルッコラは4～5cm長さに切る。トマトはヘタを除いて縦半分に切り、縦に5mm厚さに切る。
2　器に**1**を入れてサーモンを半分にちぎってのせる（a）。ラップをかけて冷蔵庫で冷やす。
3　清潔な空き瓶にAを入れてふたをし、よくふり混ぜてドレッシングを作る（b）。
4　食べる直前に**2**を冷蔵庫から出して**3**をかけ、全体を和える。

ゆで卵のポテトサラダ

材料（作りやすい分量）
卵（室温におく）…3個
じゃがいも…2個（約300g）
A　白ワインビネガー…小さじ2
　　砂糖…小さじ2
　　塩…小さじ¼
　　こしょう…少々
　　サラダ油…大さじ1
マヨネーズ…大さじ3
水…大さじ1½～3
ディル（あれば）…少々

1　鍋に湯を沸かし、酢適量（分量外）を加える。卵を1個ずつお玉にのせてそっと入れ、中火で9分ゆでて氷水にとり、殻をむいて縦4等分に切る。
2　じゃがいもは皮をむいて6等分に切る。鍋に入れてかぶるくらいの水を加え、強火にかける。ひと煮立ちさせて中火にし、十分やわらかくなるまで9～10分ゆでる。
3　湯をきって弱火にかけ、鍋を揺らしながら水分を飛ばす（a）。マッシャーでつぶして（b）温かいうちにAを加えて混ぜ、マヨネーズ、分量の水を加え（c）、そのつどゴムべらで混ぜてなめらかにする。
● 最後に加える水の量で、ポテトサラダのかたさを調整する。
4　**3**に**1**を加えて和える（d）。器に盛り、あればディルをのせる。

オープンアップルパイ

材料（4〜6人分）
りんご…1個（300g）
グラニュー糖…40g＋仕上げ用8g
A｜バター（食塩不使用）…20g
　｜ブランデー（またはラム酒、
　｜　ウイスキーなど）…小さじ1
　｜レモン汁…小さじ1½
冷凍パイシート（約20cm四方）…1枚
バター（食塩不使用／仕上げ用）…10g
シナモンパウダー…適量

下準備
- 天板にオーブンシートを敷く。
- オーブンは180℃に予熱する。

1 りんごは水でぬらして塩少々（分量外）をこすりつけて洗い流す。縦に四つ割りにして芯を除き、皮つきのまま縦5mm厚さに切る。

2 直径26cmのフライパンに **1** を広げて入れ、グラニュー糖40gをふり入れて強めの中火にかける。ふつふつとしてきたらときどき返しながら、りんごがきつね色になってしんなりするまで炒める。

3 Aを順に加えてソースがからむまで炒め（a）、火を止めてバットに取り出し粗熱をとる（b）。

4 準備した天板にパイシートをのせ、室温に5分ほどおいてからフォークで全体に穴をあける（c）。

5 **4** の上に **3** を少し重なるようにずらしながら、縦3列に並べる（d）。残った **3** のソースを上からかけ、仕上げ用のグラニュー糖8gを全体にふり、仕上げ用のバターをちぎってところどころにのせる（e）。

6 180℃のオーブンで30分ほど焼く。取り出して全体にシナモンパウダーをふり（f）、4〜6等分に切る。

Column

洋食の愛用調味料

少しこだわった基本の調味料と
洋食らしさを引き出すオイルやビネガーを紹介します。

ローリエ 肉や魚の臭みを消し、料理に風味をつける月桂樹の葉。煮込みやスープ、カレーにも。／**塩** ふだん使いの塩はサラッとした焼き塩ですが、サラダや揚げ物などにパラリとふるときには、うまみのある海塩を。シーソルト フレーク（マルドン）／**こしょう** 白と黒のホールをミルでひいて使用する。基本は白を使い、仕上げにひきかけたり、香りと辛みをきかせたいときは黒を使用。ホワイトペッパーホール、ブラックペッパー ホール（ともに朝岡スパイス）

オリーブ油 フレッシュで香り豊かなエキストラヴァージンを使うのがおすすめ。エキストラヴァージンオリーブオイル フルクトゥス（アルドイノ）／**バルサミコ酢** 酸味と甘みのバランスがいいものを選んで。モデナ産 I.G.P. バルサミコ（サンテラモ）／**白ワインビネガー** 香りと酸味をきかせたいときに。熟成白ワインビネガー（ペルシュロン）／**トマトピューレ** トマト煮込みのほか、カレーやビーフシチューに。カゴメトマトピューレー（KAGOME）

主要材料別 Index

肉・加工品

【牛肉】

牛切り落とし肉	27, 121
牛すね肉（カレーシチュー用）	148

【豚肉】

豚肩ロース薄切り肉	84
豚肩ロースかたまり肉	70
豚肩ロース肉（とんかつ用）	108
豚こま切れ肉	86
豚スペアリブ	89
豚バラ薄切り肉	25, 37, 59, 86, 88, 114
豚ひき肉	26, 103, 104, 110
豚レバー	102

【鶏肉】

鶏ささみ	26, 40
鶏手羽中	78
鶏手羽元	96
鶏ひき肉	22, 106
鶏もも肉	45, 91, 106, 120, 130, 133, 136, 141

【合いびき肉】

合いびき肉	31

【加工品】

粗びきソーセージ	141
スパム	118
スライスハム（ロース）	101, 138
スライスベーコン・ブロックベーコン	48, 106, 134, 142, 144
生ハム	135

魚介・加工品

【魚介】

あさり	114
あじ	54, 56, 57
うに	72
えび・むきえび	84, 92, 105, 137
金目鯛	20
さんま	62

しらす干し	69
するめいか	74, 75, 76, 77
生鮭	68
帆立貝柱	92
ゆでだこの足	43, 52

【加工品】

アミ塩辛	28
アンチョビフィレ	134, 144
いかのくんせい	80, 113
削り節・花がつお	37, 41, 42, 43, 44, 45, 48, 50, 52, 53, 57, 58, 59, 60, 61, 64, 66, 67, 72, 75, 80, 88, 89, 132
塩蔵わかめ	26, 38
かにかまぼこ	118
かに缶	100, 128
昆布	41, 42, 43, 44, 45, 48, 50, 52, 53, 57, 58, 59, 60, 64, 65, 66, 67, 72, 75, 80, 96, 121
スモークサーモン	150
ツナ缶	23, 33, 130
煮干し	42, 43, 44, 45, 64, 80, 117, 121
干しえび	112
芽ひじき	23, 44, 49, 69
焼きのり	115, 118

野菜・山菜・きのこ・ハーブ・加工品

【野菜】

青じそ	56, 61, 99
エゴマの葉	116, 118
枝豆	53
オクラ	52
かぼちゃ	25, 144, 147
カリフラワー	143, 147
菊いも	146
キャベツ	48, 84, 104, 107, 130, 137
きゅうり	43, 52, 61, 94, 99, 101, 107, 138
グリーンアスパラガス	127
ゴーヤー	88

小ねぎ	26, 56, 97, 114
ごぼう	45
里いも	75
サニーレタス・フリルレタス	49, 128, 147
さやいんげん	44, 64
ししとうがらし	117
じゃがいも	26, 73, 126, 128, 130, 150
しょうが・しょうが汁	21, 28, 46, 52, 56, 70, 71, 84, 88, 89, 91, 92, 93, 96, 103, 104, 105, 107, 110, 112, 116, 120, 131, 132
新じゃがいも	133
新しょうが	50, 61
新玉ねぎ・サラダ玉ねぎ	57, 147
スナップエンドウ	134
せり	27
セロリ・セロリの葉	112
そら豆	127, 134
大根	28, 62, 64, 77, 78, 80, 116, 120, 121
たけのこ（生・ゆで・水煮）	36, 37, 38, 39, 86, 100, 110
玉ねぎ	25, 27, 31, 32, 69, 84, 91, 92, 93, 102, 103, 110, 126, 128, 130, 134, 136, 138, 141, 142, 143, 144, 146, 147, 148, 150
つるむらさき	90
冬瓜	89
とうもろこし	51
トマト	87, 91, 92, 93, 99, 101, 106, 130, 143, 147, 150
長ねぎ・長ねぎの青い部分	47, 67, 70, 87, 96, 98, 100, 106, 108, 112
なす	58, 59, 64, 98
生じゅんさい	52
にら	25, 28, 59, 86, 102, 106
にんじん	23, 27, 33, 44, 45, 64, 69, 80, 112, 113, 116, 118, 126, 130, 133, 138, 148
にんにく	27, 28, 31, 48, 69, 70, 86, 91, 92, 93, 96, 98, 104, 108, 112, 114, 116, 117, 120, 121, 134, 140, 141, 142, 146, 147, 148
根三つ葉	40
白菜	28, 71, 116

パプリカ	147
春キャベツ	43, 86, 126
ピーマン	86, 130, 136
ほうれん草	23, 70, 77, 118
水菜	69
ミニトマト	61, 134
みょうが	56, 61, 69
紫玉ねぎ	94
芽キャベツ	33
もやし	26, 101
ゆり根	72
れんこん	22, 44, 68, 147
【山菜】	
ぜんまい	98
たらの芽	39
【きのこ】	
えのきたけ	43, 67
しめじ	64, 144
生しいたけ	27, 45, 64, 144
まいたけ	86, 144

マッシュルーム	32, 136, 148
【ハーブ】	
セージ	140
ディル	150
パクチー	93, 105, 112
パセリ	33, 143
ベビーリーフ	76, 147
ミント	143
ルッコラ	150
ローリエ	32, 92, 94, 131, 141, 148
【加工品】	
味つきザーサイ	113
切り干し大根	48
コーンクリーム缶	112, 138
こんにゃく	64, 78
たくあん	118
トマトピューレ	148
干ししいたけ	47, 110
ホールトマト缶	31, 141

果物・加工品

【果物】

アップルマンゴー	95
アボカド	106
いちご	124, 139, 147
いちじく	68, 139
オレンジ	143
栗	65
梨	116
パイナップル	124
バナナ	125
りんご	28, 77, 151
レモン汁	61, 69, 94, 95, 131, 139, 142, 151

【加工品】

梅干し	40, 67
ドライアプリコット	33
ドライプルーン	34
レーズン	31

豆・加工品

【豆】

青大豆	48
赤レンズ豆	93
白いんげん豆（生・ゆで）	140, 141, 142

【加工品】

油揚げ	38, 44, 50, 66, 78
韓国春雨	27
きな粉	23, 81
黒豆煮	81
豆腐（絹・木綿）	21, 64, 88, 114
無調整豆乳	126

ナッツ＆種実・加工品

【ナッツ＆種実】

くるみ（ロースト）	33
スライスアーモンド	120
生落花生	113

ピーナッツ	117		バター	77, 81, 128, 136, 138, 141, 144, 148, 151
松の実	96		パルメザンチーズ	127, 134, 143
【加工品】			ピザ用チーズ	106, 144
グリーンオリーブ	126		プレーンヨーグルト	95, 116, 138
スライスオリーブ	32		プロセスチーズ	39
ピーナッツバター	90		モッツァレラチーズ	135

卵・乳製品

【卵】

卵・溶き卵	25, 31, 34, 39, 44, 46, 60, 72, 76, 77, 78, 81, 86, 87, 88, 90, 97, 100, 101, 112, 114, 118, 120, 127, 128, 134, 136, 137, 144, 150

【乳製品】

アイスクリーム	90
牛乳	23, 31, 34, 73, 128, 136, 137, 138, 142, 146
生クリーム	34, 81, 92, 124, 125, 144

米＆米加工品・雑穀・粉物

【米＆米加工品】

温かいごはん	118, 136
切り餅	78
米	32, 38, 45, 47, 50, 65, 66, 80, 94
上新粉	25, 28
もち米	96, 103

【雑穀】

押し麦	130
黒米	47

【粉物】

片栗粉	22, 23, 38, 84, 86, 87, 100, 102, 103, 104, 105, 108, 110, 112
餃子の皮	104, 105, 106
強力粉	108, 110, 135, 144
クスクス	142
車麩	46
シュウマイの皮	84
ショートパスタ（ペンネ・マカロニ）	134, 138
食パン	124, 125, 138
そうめん	59
中華生麺	101
薄力粉	25, 34, 39, 46, 51, 57, 62, 68, 76, 81, 90, 91, 92, 106, 108, 110, 120, 128, 135, 137, 138, 144, 148
パン粉（ドライ・生）	31, 46, 76, 128, 137
本くず粉	53
冷凍パイシート	151

スパイス

赤唐辛子	36, 57, 93, 107, 116, 117
一味唐辛子	94
五香粉（ウーシャンフェン）	108
ガラムマサラ	91
カレー粉	48, 91, 92, 130, 133
韓国粉唐辛子	28, 98, 114, 116
クミン（シード・パウダー）	93, 142
コリアンダーパウダー	93
サフラン	94
シナモン（スティック・パウダー）	94, 131, 135, 139, 151
ターメリック	93
花椒（ホワジャオ）	107
マスタードシード	93

小林まさみ

料理研究家。小林まさみ料理教室主宰。結婚後、会社勤めをしながら調理師学校に通い、料理の道へ。テレビのフードコーディネーターや料理愛好家・平野レミさんなどのアシスタントを経て独立。実用的でわかりやすいレシピと何度でも食べたくなる家庭的な味に定評があり、テレビや雑誌、料理教室で活躍中。アシスタントは義父でシニア料理家の小林まさる。嫁舅コンビの軽妙なやりとりが人気で、共著も出版している。『血糖値を下げる1か月献立』(Gakken)、『毎日何を作るか、悩む人へ。まさみ式 考えない晩ごはん』(オレンジページ)など著書多数。

● オフィシャルサイト
https://masami-kobayashi.com

● Instagram
@kobayashimasami.masaru

Special Thanks: ヴァトン
(日本盲導犬協会よりボランティアで預かり中)

デザイン:尾崎行欧・安井 彩・炭谷 倫(尾崎行欧デザイン事務所)
撮影(1〜3章除く):佐々木美果
スタイリング(1〜3章除く):吉岡彰子
料理アシスタント:小林まさる・中澤久美子
協力:神門美樹子・雲谷里紗・東京カラーフォト・プロセス
校正:かんがり舎
DTP:天龍社
プリンティングディレクション:石井 剛(大日本印刷)
編集:岩越千帆
編集・撮影(1〜3章):若名佳世(山と溪谷社)

小林まさみの料理教室
ていねいな献立づくりがわかる本

2025年2月25日 初版第1刷発行

著者:小林まさみ

発行人:川崎深雪
発行所:株式会社山と溪谷社
〒101-0051
東京都千代田区神田神保町1丁目105番地
https://www.yamakei.co.jp/
印刷・製本:大日本印刷株式会社

● 乱丁・落丁、及び内容に関するお問合せ先
山と溪谷社自動応答サービス
TEL. 03-6744-1900
受付時間/11:00〜16:00 (土日、祝日を除く)
メールもご利用ください。
【乱丁・落丁】service@yamakei.co.jp
【内容】info@yamakei.co.jp
● 書店・取次様からのご注文先
山と溪谷社受注センター
TEL. 048-458-3455　FAX. 048-421-0513
● 書店・取次様からのご注文以外のお問合せ先
eigyo@yamakei.co.jp

● 定価はカバーに表示してあります
● 落丁・乱丁本は送料小社負担にてお取り替えいたします
● 禁無断複写・転載

©2025 Masami Kobayashi　All rights reserved.
Printed in Japan
ISBN978-4-635-45083-6